OSKAR NITTNER

OSKAR NÄHT

DER NÄHWORKSHOP FÜR KINDER

MIT VIDEO-ANLEITUNG

INHALT

MATERIAL UND TOOLS

BASICS

MODELLE

DOWNLOADS UND VIDEOS

Die Videos, Nähübungen und Schnittmuster zu diesem Buch stehen in deiner Digitalen Bibliothek unter **www.topp-kreativ.de/digibib** nach erfolgter Registrierung zum Ausdrucken und direkt anschauen bereit. Den Freischalte-Code findest du im Impressum.

VORWORT

Hi, ich bin Oskar

und vielleicht in einem ähnlichen Alter wie du. Meine größte Leidenschaft ist das Nähen und ich würde mich freuen, wenn es dir spätestens nach diesem Buch genauso geht. Dieses Buch ist super für alle Näheinsteiger und enthält alle Basics, die man für den Start gut brauchen kann. Am liebsten nähe ich, um anderen eine Freude zu machen. Deshalb wirst du auch einige Projekt im Buch finden, die sich super als Geschenk eignen, wie das Stiftemäppchen, die Scrunchies oder den Turnbeutel. Du kannst mit Farbkombinationen so viel machen und einfach eine schöne Zeit an der Nähmaschine verbringen. Aber lass dich nicht verunsichern, falls es mal nicht wie am Schnürchen läuft. Auch ich habe mal einen schlechten Tag, an dem etwas nicht gleich klappt. Ich hoffe, dank meiner Anleitungen, Schrittfotos und Videos erklären sich die Modelle wie von ganz allein und du hast viel Freude daran. Ich wünsche dir auf jeden Fall unendlich viel Spaß mit diesem Buch und dem schönsten Hobby auf der ganzen Welt – dem Nähen ;) !

Dein Oskar

MATERIAL UND TOOLS

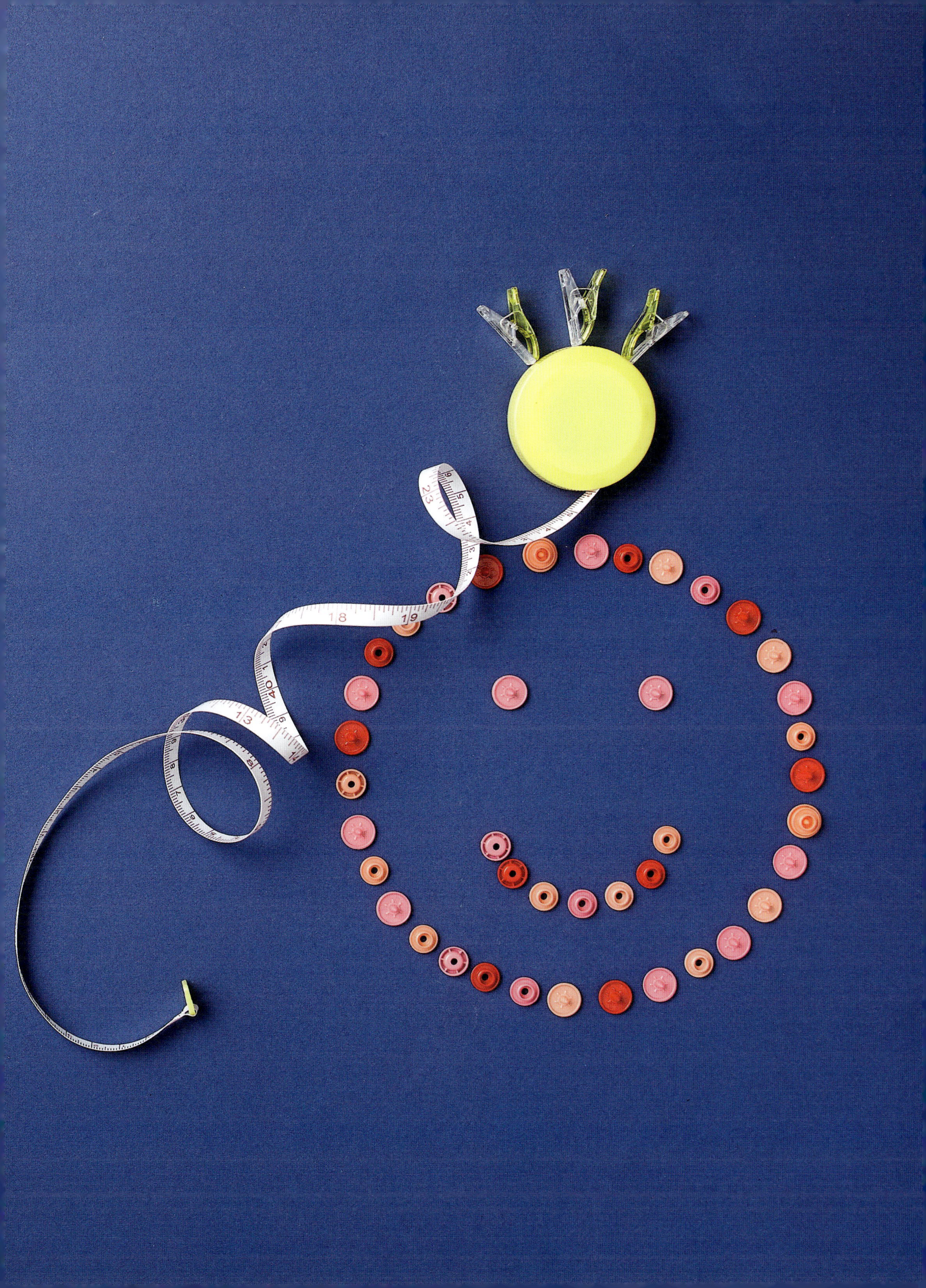

STOFFE UND CO.

JERSEY (1)

Jersey ist ein gestrickter Stoff und ist dehnbar. Er wird für T-Shirts, Mützen und Schals verwendet. Jersey hat zwei unterschiedliche Seiten. Die leicht gerippte Seite ist die schöne (rechte) Außenseite. Da Jersey nicht ausfranst, brauchst du ihn nicht zu versäubern.

Nähe Jersey immer mit einer Jerseynadel, damit der Stoff beim Nähen nicht verletzt wird.

BAUMWOLLSTOFF (2)

Baumwolle ist der wohl am häufigsten benutzte Textilstoff. Es gibt ihn in vielen verschiedenen Farben und Mustern. Die meisten Modelle in diesem Buch werden aus Baumwollstoffen genäht.

Das sind alle Projekte, bei denen kein anderer Stoff genannt ist.

CANVAS (3)

Canvas ist ein dickerer Baumwollstoff. Er ist etwas gröber und kann daher gut für Taschen verwendet werden.

KUNSTLEDER (5)

Kunstleder hat Ähnlichkeit mit echtem Leder ist aber regelmäßiger und man kann es am Ballen kaufen, nicht wie Leder, bei dem man pro Haut kauft. Es hat oben eine Kunststoff-schicht und unten ist ein Gewebe. Man sollte es in der Regel nicht bügeln.

SNAPPAP (4)

Das ist ein papierähnliches Material, das, wenn man es knetet, bügelt oder wäscht, eine Lederoptik bekommt und als Ledersatz genutzt werden kann. Es gibt Snap-Pap auch mit Muster.

ALLES FÜR DARUNTER UND DAZWISCHEN

VLIESEINLAGE (1)

Vlies oder Vlieseinlagen werden verwendet, um einen Stoff fester zu machen. Man unterlegt damit z. B. Druckknöpfe, damit sie nicht ausreißen. Es gibt Einlagen in verschiedenen Stärken und Festigkeiten. Einlagen zum Aufbügeln haben auf der einen Seite eine Klebeschicht, die auf die linke Seite des Stoffs gebügelt wird. Bitte folge hier den Anweisungen des Herstellers. Mit wattierter Einlage können Modelle ausgepolstert werden.

Welche Stärke du brauchst, steht immer in den Materialangaben der Projekte.

1

FILZ (2)

Filz franst nicht aus und wird deshalb oft mit offener Kante verarbeitet. Dicker, 3 mm starker Filz eignet sich z. B. prima für Handytaschen. Dünner, 1 mm starker Filz wird auch Bastelfilz genannt und eignet sich, um daraus Gesichtsteile (z. B. Augen) zuzuschneiden und aufzukleben.

FÜLLWATTE (4)

Füll- oder Dekowatte benutzt man zum Füllen von Stofftieren, Puppen oder auch Kissen.

Achte beim Kauf darauf, dass sie waschbar ist. Dann kannst du deine Nähprojekte auch sauber machen, wenn du mal kleckerst!

THERMOLAM (3)

Thermolam ist ein Vlies, welches Temperatur isoliert. Es eignet sich also super für Topflappen, mit denen du dann eine heiße Pfanne vom Herd nehmen oder eine Packung Pommes aus dem Kühlschrank holen kannst.

VERSCHLÜSSE – SO HÄLT ES AUF JEDEN FALL!

DRUCKKNÖPFE

Druckknöpfe sind, wie der Name schon sagt, zum Zudrücken und werden mit einer Zange in den Stoff gedrückt oder mit dem Hammer eingeschlagen.

REISSVERSCHLUSS

Reißverschlüsse gibt es in verschiedenen Längen zu kaufen. Bei manchen ist der Zipper schon drauf. Es gibt aber auch Reißverschlüsse (Endlosreißverschlüsse), die man schneiden kann und bei denen der Zipper selbst aufgezogen wird.

GURTBAND

Ein Gurtband benutzt man u.a. als Riemen für Umhängetaschen oder auch für Gürtel.

NÄHGARN

Nähgarn gibt es in vielen verschiedenen Stärken, Qualitäten und Farben.

Für die meisten Modelle in diesem Buch ist ein normales Allzweckgarn aus Polyester am besten geeignet.

SCHRÄGBAND

Mit dem Schrägband werden Stoffkanten eingefasst. Es ist längs vorgefaltet und wird über den Stoffrand geschoben. Anschließend näht man es mit einem geraden Stich oder einem Zickzackstich fest.

Du kannst ein Schrägband aber auch selber machen. Wie das geht, wird später noch erklärt.

KAMSNAPS

Das sind kleine Plastikdruckknöpfe, welche es in so gut wie allen Farben gibt.

BÄNDER UND SCHNÜRE WIE STRICKTWIST ODER KORDEL

Bänder und Schnüre kann man zum Verzieren verwenden, aber auch als Trageriemen für einer Tasche. Oder zum Sticken von Details, wie bei uns der Bauch von einem Teddy.

KLEBEBAND/MASKING-TAPE/STYLEFIX

Eignet sich super zum Markieren von Stellen oder zum kurzfristigen Fixieren von Reißverschlüssen. Es sollte sehr dünn sein.

ÖSEN

Ösen gibt es in verschiedenen Farben und Durchmessern. Man stanzt ein Loch in das gewünschte Material und kann dann mit einer Zange die Öse eindrücken.

Was oft zugegebenermaßen sehr schwierig ist und viel Kraft braucht...

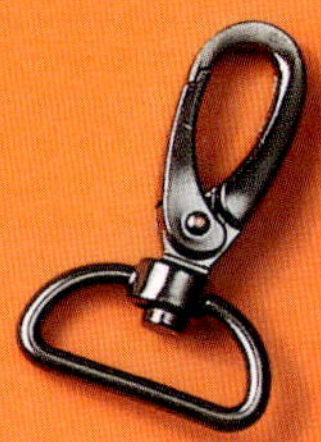

KARABINER

Der Karabiner wird an Taschen oft als Verschluss oder zur Befestigung von Taschenriemen verwendet (bei uns für einen Schlüsselanhänger).

KLETTBAND

Klettband zum Verschließen von Kleidungsstücken oder Taschen gibt es in verschiedenen Breiten und Farben.

WERKZEUG

GEO®-DREIECK

Da du bei einigen Modellen in diesem Buch Rechtecke auf den Stoff zeichnen musst, ist ein Geo®-Dreieck zum Erstellen der rechten Winkel einfach unentbehrlich.

Du kannst aber auch ein Lineal verwenden.

STECKNADELN

Einzelne Stofflagen werden vor dem Nähen zusammengesteckt, damit sie nicht verrutschen. Gut geeignet sind Stecknadeln mit Glaskopf. Bewahre die Nadeln mit einem Nadelkissen auf. So hast du sie immer griffbereit.

Ich benutze zum Zusammenstecken oft auch Klammern.

HANDNÄHNADELN

Handnähnadeln gibt es in vielen verschiedenen Stärken und Längen. Gut geeignet ist die Stärke 9. Grundsätzlich gilt: Je feiner der Stoff, desto feiner die Nadel, ansonsten hinterlässt sie Löcher im Stoff.

WEICHER BLEISTIFT, KREIDESTIFT UND KREIDERAD

Mit einem weichen Bleistift lassen sich die Vorlagen prima auf den Stoff übertragen. Bei dunklen Stoffen verwendest du am besten einen Kreidestift, damit du die Linien später auch gut erkennen kannst. Das Kreiderad läuft leicht über den Stoff und lässt sich besonders gut für Markierungen auf Jersey einsetzen.

HATRICKMARKER

Bei diesem Stift verschwindet die Tinte nach ein paar Tagen wie von Zauberhand. Er ist super für Markierungen und das Einzeichnen von Hilfslinien geeignet.

STOFFSCHERE ODER ROLLSCHNEIDER

Um den Stoff zuzuschneiden, brauchst du eine spezielle Schere, die sogenannte Stoffschere. Achte darauf, eine kleine und leichte Schere zu verwenden, die sich gut für Kinderhände eignet. Alternativ kannst du auch einen Rollschneider nutzen. Hierfür benötigst du aber eine Schneidematte.

Mit der Stoffschere darfst du niemals Papier oder Karton schneiden. Davon kann die Schere stumpf werden. Dann zieht der Stoff beim nächsten Zuschneiden Fäden.

MASSBAND

Darauf kannst du auf keinen Fall verzichten. Du benötigst es immer zum Ausmessen von Stoffstücken oder zum Einzeichnen von Markierungen.

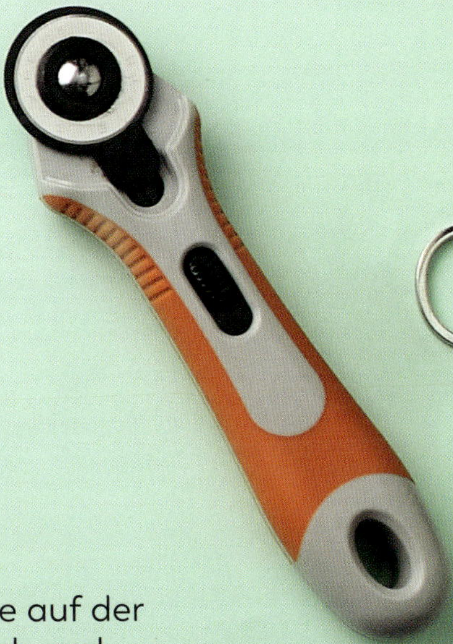

SCHNEIDEMATTE

Eine wunderbare Arbeitsmatte auf der es sich gut schneiden oder auch mal etwas nachmessen lässt.

KLEINE SPITZE SCHERE

Mit der kleinen spitzen Schere schneidest du Fäden ab oder Nahtzugaben ein.

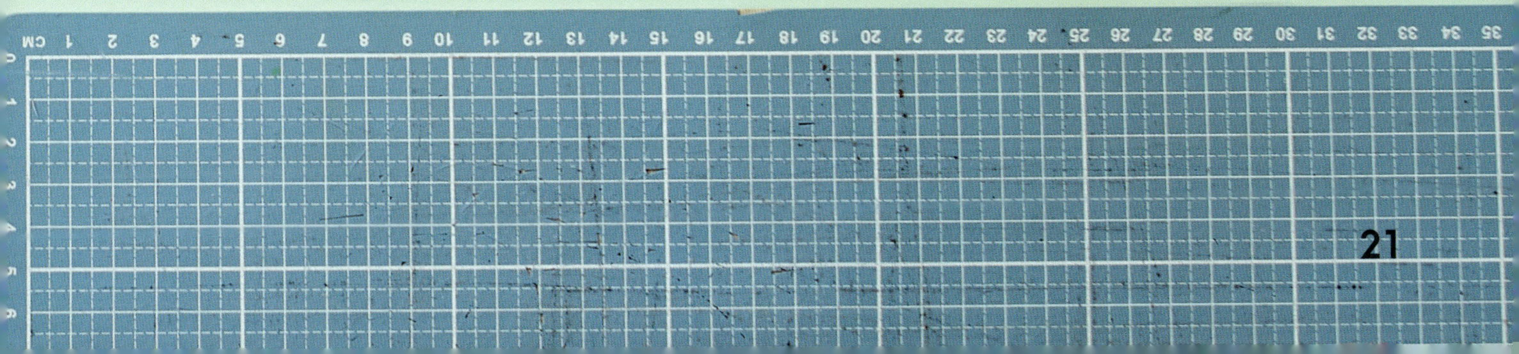

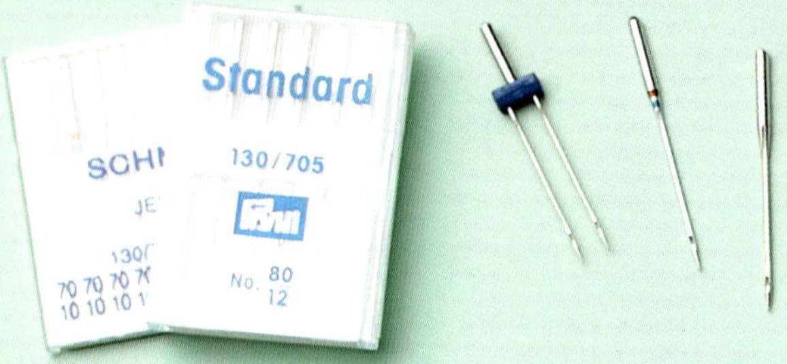

JERSEY- ODER STRETCHNADEL

Jersey- oder Stretchnadeln haben eine abgerundete Spitze, damit der Stoff beim Nähen nicht beschädigt wird.

SCHRAUBENZIEHER

Mit ihm lässt sich die Nähnadel an der Maschine fixieren und auch wieder lösen.

NAHTTRENNER

Ein unerlässliches Werkzeug, wenn du dich vernäht hast und die Naht wieder auftrennen musst.

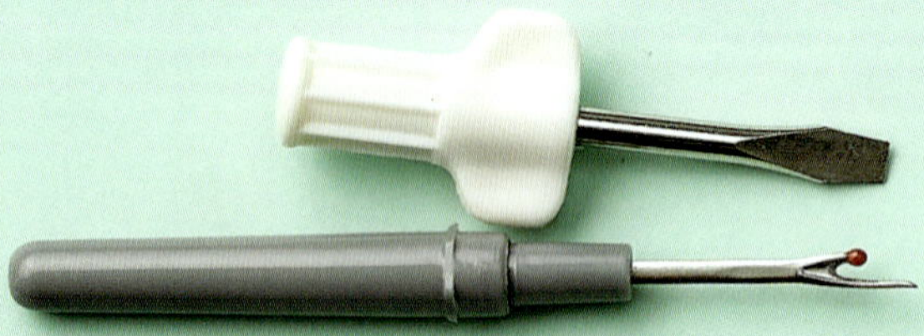

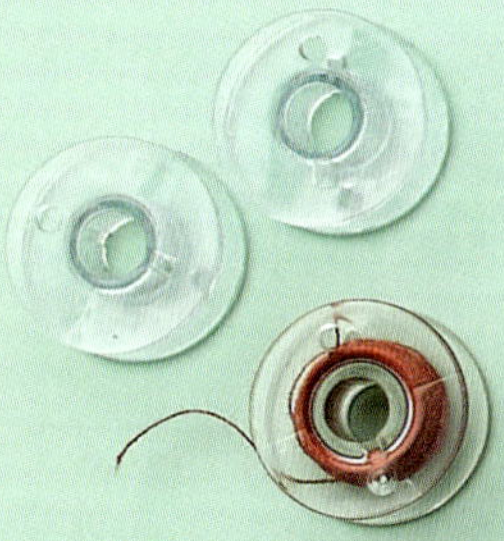

NÄHMASCHINENSPULEN

Auf die Spulen wird mit dem Spuler der Unterfaden aufgespult. Die Spule wird dann unten in der Nähmaschine in die Kapsel eingelegt.

NÄHFÜSSE

Es gibt für jedes Nähvorhaben den richtigen Nähfuß. Auf dem Bild hier siehst du drei von vielen: Der Reißverschlussfuß (links), der Normalnähfuß (mitt) und der Blindstichfuß (rechts). Mehr dazu auf Seite 41.

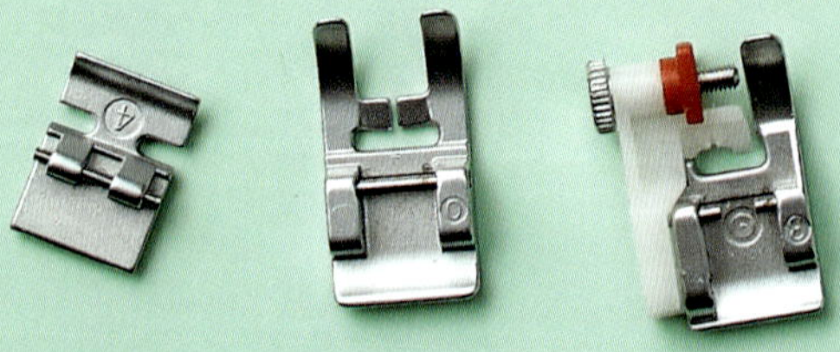

BÜGELEISEN

Zum Glätten des Stoffs vor dem Zuschneiden, zum Ausbügeln von Nähten oder zum Umbügeln von Kanten – ein gutes Bügeleisen solltest du stets zur Hand haben. Aber bitte nur unter Aufsicht eines Erwachsenen verwenden.

ZANGE

Mit dieser speziellen Zange lassen sich Druckknöpfe, Ösen oder Nieten im Stoff befestigen.

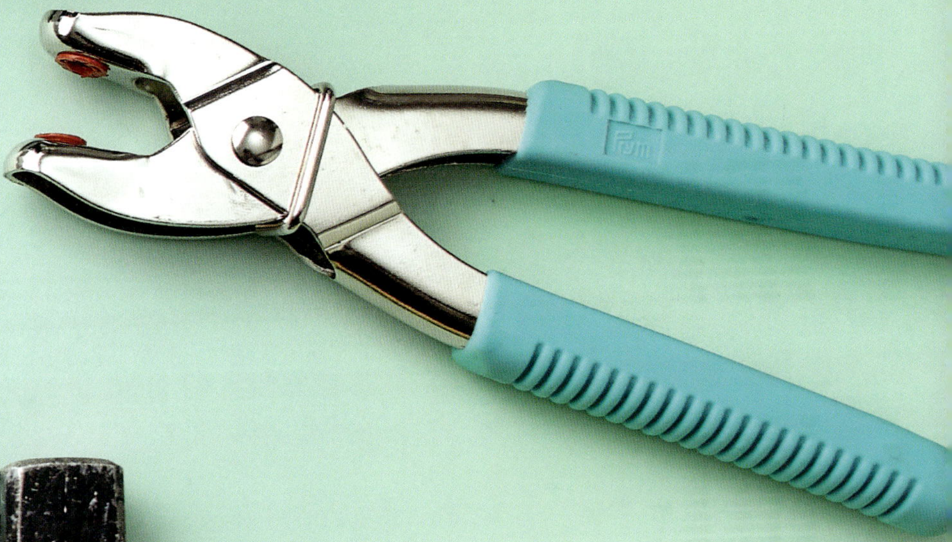

HAMMER

Er kann hilfreich sein beim Einschlagen von Ösen in den Stoff.

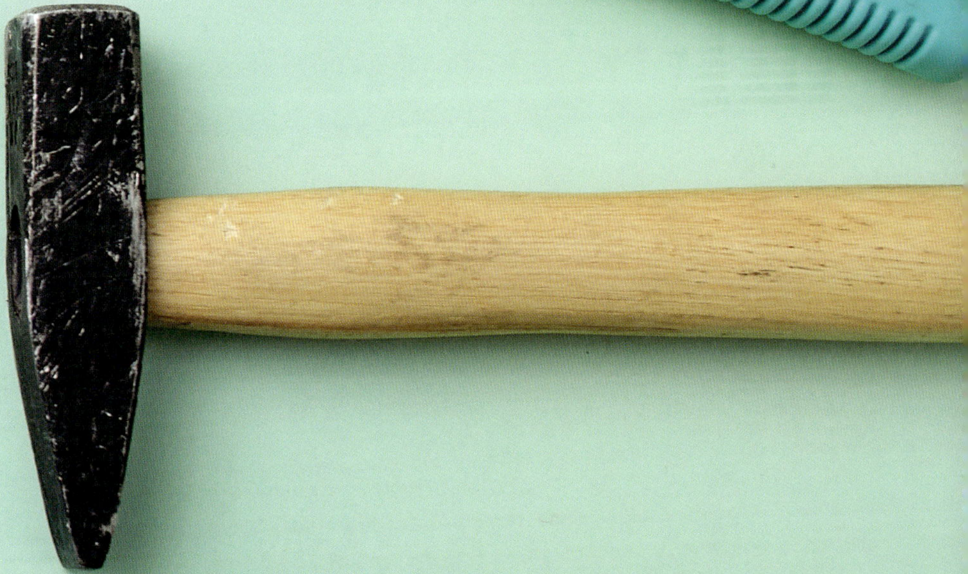

TEXTILKLEBESTIFT UND TEXTILKLEBEBAND

Hiermit kannst du Webbänder und Klettverschlüsse vor dem Nähen fixieren, damit sie nicht verrutschen, oder kleinere Filzteile aufkleben.

NÄHMASCHINE

FADENSPANNUNG (2)

Der Oberfaden sollte nicht zu lasch hängen, aber auch nicht zu straff sein. Idealerweise zwischen 2 und 3

NÄHFUSSDRUCK (1)

Er bestimmt wie stark der Druck des Nähfußes auf den Stoff ist. Standardeinstellung 2

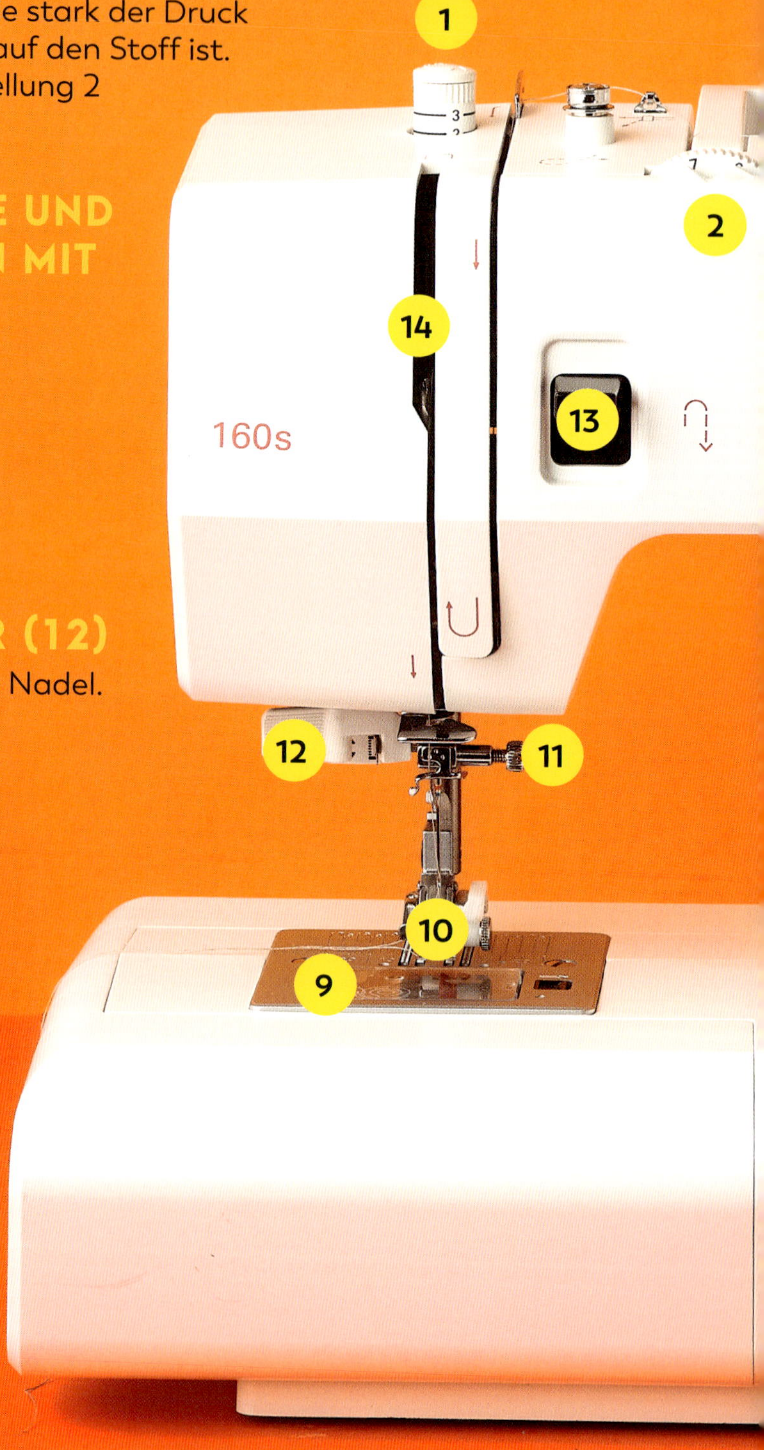

EINFÄDELSCHLITZE UND FADENFÜHRUNGEN MIT FADENGEBER (14)

RÜCKWÄRTS-HEBEL (13)

Zum rückwärts nähen und Naht verriegeln.

INTEGRIERTER NADELEINFÄDLER (12)

Er hilft dir beim Einfädeln des Oberfadens in die Nadel.

SCHRAUBE (11)

Hier wird die Nähnadel befestigt.

NÄHFUSS (10)

KAPSEL MIT NÄHSPULE UND UNTERFADEN (9).

SCAN & WATCH

Hier geht's zum Video!

STICHBREITE (3)

Hier kannst du die Stichbreite steuern, also die Bewegung der Nadel von rechts nach links. Das ist bei einem Zickzackstich wichtig.

GARNROLLEN-FÜHRUNG (4)

Hier befindet sich das Garn mit dem Oberfaden

SPULER (5)

Hier wird der Unterfaden auf die Spule aufgespult.

HANDRAD (6)

Hier kann die Nähnadel per Hand bewegt werden.

STICHLÄNGE (7)

Von 0 = ganz enge Stiche bis 4 = große lange Stiche

STICHARTEN (8)

Geradstich, Zickzackstich, Overlockstich, unterschiedliche Zierstiche, ...

ELECTRONIC

BASICS

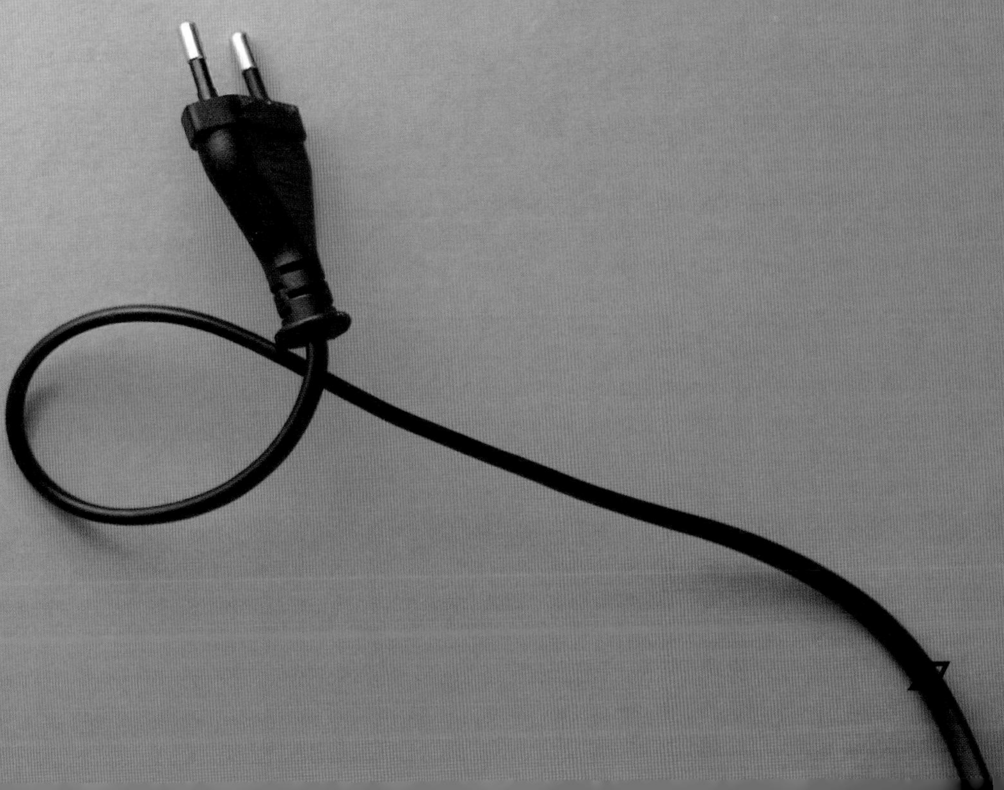

GRUNDANLEITUNG

NÄHEN SCHRITT FÜR SCHRITT

RECHTE UND LINKE STOFFSEITE

Als rechte Seite bezeichnet man die schönere Stoffseite, die nach dem Nähen außen zu sehen ist. Die Rückseite des Stoffs ist die linke Seite.

RECHTS AUF RECHTS (R-A-R)

Zwei Stoffteile werden mit den schönen (rechten) Seiten aufeinandergelegt. Die linken Stoffseiten sind außen zu sehen. Wenn zwei Teile mit der linken Seite nach innen aufeinandergelegt werden, nennt man das "links auf links" (l-a-l).

FADENLAUF

Der Fadenlauf in einem Stoff verläuft parallel zur Webkante. Das sind die festeren Ränder des Stoffs. Rechteckige Schnittmuster werden mit einer Kante parallel zum Fadenlauf auf den Stoff aufgezeichnet. Bei den anderen Schnittteilen ist ein Pfeil für den Fadenlauf eingezeichnet. Bei Strickstoffen wie Jersey oder Bündchenstoffen entspricht der Fadenlauf dem Maschenlauf.

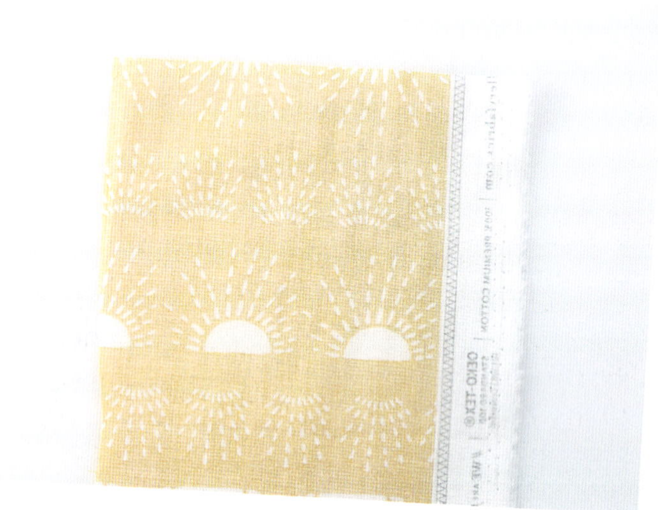

SCHNITTMUSTER

Alle Schnittmuster sind in Originalgröße auf dem Schnittmusterbogen vorhanden. Ob du die Schnitte aus dem Stoff mit Nahtzugaben ausschneiden musst oder sie schon Nahtzugabe enthalten, steht jeweils in der Anleitung.

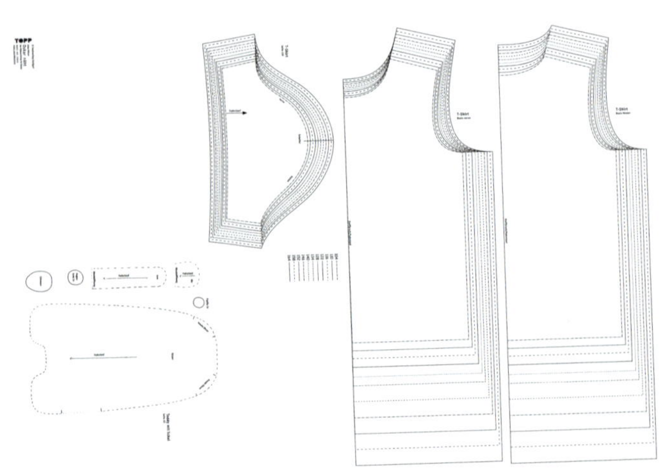

SCHNITTMUSTER ABPAUSEN

Lege Transparentpapier auf das Schnittmuster. Dann zeichnest du alle Linien und Markierungen des Schnittmusters mit einem Bleistift nach und schneidest das Muster mit einer Papierschere aus.

SCHNITTMUSTER ÜBERTRAGEN

Bügle den Stoff, damit er schön glatt ist. Lege den Stoff anschließend glatt auf den Tisch und stecke das Schnittmuster mit wenigen Nadeln fest, damit es beim Zeichnen nicht verrutscht. Umrande die Papiervorlage mit einem weichen Bleistift oder Kreidestift und zeichne, wenn nötig, die Nahtzugaben (siehe unten) an. Übertrage auch eingezeichnete Punkte, Pfeile und Markierungen vom Schnittmuster auf den Stoff. Anschließend entfernst du die Vorlage wieder.

Um zwei gleiche Stoffteile auszuschneiden, faltest du den Stoff rechts auf rechts und steckst dann das Schnittmuster zum Übertragen auf.

NAHTZUGABE (NZG)

An jeder Naht ist eine Nahtzugabe. So nennt man den Stoffrand zwischen Naht und Schnittkante. Man braucht sie, damit die Naht nicht aufgehen kann. Normalerweise sind Nahtzugaben 1 cm breit. Möchtest du ein Stoffteil mit Nahtzugaben zuschneiden, zeichnest du vor dem Zuschneiden eine Linie im Abstand von 1 cm rund um das Schnittmuster auf den Stoff und schneidest das Stoffteil dann entlang dieser Linie aus. Ob und wie viel Nahtzugaben du beim Ausschneiden der Stoffe dazugeben musst, steht jeweils in der Anleitung. Manche Schnittmuster enthalten bereits die Nahtzugabe, diese schneidest du direkt an der Schnittmusterkante aus. Einige Nahtzugaben müssen versäubert werden, damit sie nicht ausfransen.

Versäubern bedeutet, dass du die Kante mit einem Zickzackstich entlang nähst.

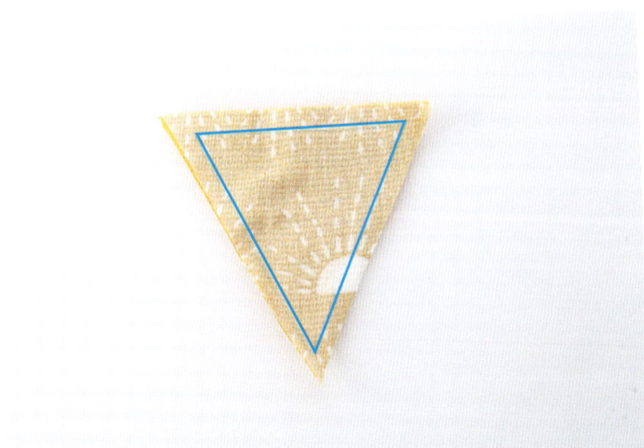

STOFFTEILE ZUSCHNEIDEN

Schneide die Stoffteile entlang der eingezeichneten Linie aus. Wenn zwei Lagen gleichzeitig geschnitten werden, stecke die Stoffe vorher mit einigen Nadeln zusammen. Es gibt manchmal Schnittmuster, die im sogenannten Stoffbruch zugeschnitten werden. Stoffbruch bedeutet, der Stoff wird an der Webkante entlang so breit gefaltet, dass das Schnittmuster darauf platziert werden kann und sozusagen auf zwei Stoffschichten liegt. Das Schnittmuster muss an der gefalteten Kante anliegen. So kann man eine exakt symmetrische Form zuschneiden.

Das ist zum Beispiel bei Kleidungsstücken wichtig.

STOFFE ZUSAMMENSTECKEN

Wenn es nicht anders angegeben ist, werden vor dem Nähen jeweils zwei Stoffteile rechts auf rechts gelegt und mit einigen Stecknadeln fixiert, also festgesteckt. Stecke die Nadeln am besten so in den Stoff, dass sie beim Nähen nicht stören und versetzt werden müssen. Bei flach aufeinanderliegenden Stoffteilen kannst du einige Nadeln in die Mitte des Modells stecken, mit etwas Abstand zur Nahtlinie.

Wenn du mit den Nadeln genau die Nahtlinie fixieren musst, steckst du die Nadeln quer zur Naht. Dann kannst du ganz langsam über sie hinweg nähen.

KANTEN UMBÜGELN

Bei einigen Modellen werden die Kanten auf links umgebügelt, bevor die Stoffe zusammengenäht werden. Damit die Kante, die du einbügelst, immer gleich breit ist, zeichnest du dir vorher eine Hilfslinie ein. Sie verläuft parallel zur Schnittkante im doppelten Abstand der Breite, in der die Kante umgebügelt werden soll. Möchtest du den Stoff zum Beispiel 1,5 cm umbügeln, zeichnest du vorher 3 cm parallel zur Kante mit Bleistift, Schneiderkreide oder Trickmarker eine Hilfslinie ein. Auf diese Linie muss die umgebügelte Kante treffen.

FADEN AN DER NÄHMASCHINE EINFÄDELN

Bevor du mit dem Nähen beginnst, fädelst du an der Nähmaschine das Garn ein. Für den Oberfaden wird das Garn von der Rolle von oben durch mehrere Ösen bis zur Nadel geführt. Der Unterfaden wird auf eine Spule aufgerollt und dann unter dem Nähfuß eingesetzt. Das funktioniert bei jeder Nähmaschine anders. Gehe nach der Anleitung des Herstellers in der Gebrauchsanweisung vor.

BEISPIEL: FADEN IN NADEL EINFÄDELN – OBERFADEN

1 Links von deiner Nadel gibt es manchmal eine Einfädelhilfe. Ziehe sie nach unten und führe sie an die Fadenöffnung deiner Nadel (Nadelöhr). Jetzt kannst du den Faden an den Haken hängen.

2 Ziehe die Hilfe zurück und führe sie nach oben. Und schon ist der Faden durch das Öhr.

BEISPIEL: FADEN AUS SPULE HOLEN - UNTERFADEN

1 Lege die Spule mit Faden in deine Kapsel. Und achte darauf, dass du sie nach Herstelleranweisung in die Kapsel legst. Je nach Modell dreht sich die Spule dann im oder gegen den Uhrzeigersinn.

2 Halte das Ende des Oberfadens, der bereits in die Nadel eingefädelt ist, stramm nach hinten. Drehe am Handrad, bis die Nadel einmal nach unten eintaucht und dort den Unterfaden in einer Schlaufe wieder nach oben holt. Die kleine Minischlauf kannst du mit einer spitzen Schere dann seitlich vollends herausziehen. Den Deckel am Ende wieder auf dem Spulenfach anbringen.

NADELN IN MASCHINE EINLEGEN

Mit Hilfe einer Schraube, seitlich an deinem Nähfüßchen lässt sich die Nadel lockern. Du kannst sie dann einfach tauschen. Achte darauf, dass die Schraube anschließend wieder gut festgezogen wird. Dabei kann ein kleiner Schraubenzieher helfen.

DIE RICHTIGE NÄHNADEL

Die Nähmaschinennadeln für nicht dehnbare Stoffe gibt es in verschiedenen Stärken, du benutzt normalerweise eine Nadel mit Spitze der Stärke 70–90 (im Foto zu sehen). Um Jersey zu nähen, benutzt du eine Jerseynadel (Rechts). Sie hat eine abgerundete Spitze, damit sie den Stoff nicht verletzt. Bei der Zwillingsnadel (links) sitzen zwei Nadeln mit etwas Abstand nebeneinander.

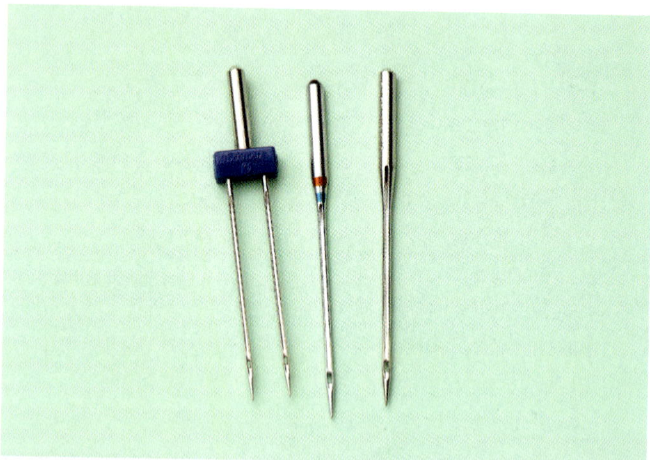

NÄHEN MIT DER ZWILLINGSNADEL

Bei der Zwillingsnadel werden Fäden von zwei verschiedenen Spulen durch die beiden Nadeln gefädelt. Sie verschlingen sich beim Nähen mit dem einen Unterfaden in der Nähmaschine. Du erhältst beim Nähen auf der obere Stoffseite zwei gerade Nähte, die auf der Stoffunterseite miteinander verbunden sind. Die Naht ist dehnbar und eignet sich sehr gut, um Saumnähte von der rechten Seite aus abzusteppen.

NÄHEN MIT GERADEM STICH

Zum Nähen legst du den Stoff unter das Füßchen. Senke das Füßchen auf den Stoff, indem du den Füßchenhebel nach unten drückst. Dann drehst du an dem Handrad, bis die Nadel im Stoff steckt. So können die Fäden nicht in der Maschine verrutschen, wenn du anfängst zu nähen. Mit beiden Händen hältst du den Stoff fest, um zu steuern. Dabei halten deine Hände Abstand zu dem Nähfüßchen. Jetzt kannst du ganz leicht auf das Pedal treten. Lass den Stoff einmal los, dann siehst du, dass die Maschine den Stoff alleine einzieht. Du gibst nur die Richtung vor. Schneide nach jeder Naht die Fäden ab.

RÜCKWÄRTS NÄHEN („SICHERN" ODER „VERRIEGELN")

Am Anfang und Ende jeder Naht nähst du ein kleines Stück rückwärts. Das ist ein Schutz, damit die Naht nicht wieder aufgehen kann. Man nennt das „die Naht sichern". Drücke dafür auf den entsprechenden Knopf oder Hebel an deiner Nähmaschine und tritt vorsichtig auf das Pedal. Es reicht, jeweils drei Stiche rückwärtszunähen.

Wenn du vergessen hast, rückwärts zu nähen, schiebst du das Stoffstück einfach noch einmal an der entsprechenden Stelle unter das Nähmaschinenfüßchen und nähst über der alten Naht kurz noch einmal vor und zurück.

STICHLÄNGE EINSTELLEN

An der Nähmaschine kannst du die Stichlänge, also den Abstand zwischen zwei Nadeleinstichen in den Stoff, an einem Rad einstellen. Bei den meisten Stoffen stellst du die Stichlänge auf 2,5 mm ein. Bei dicken Stoffen oder mehreren Stofflagen etwas größer. Rundungen nähst du mit einer kleineren Stichlänge. Beim Zickzackstich wird zusätzlich auch die Stichbreite eingestellt. Die Einstellungen sind in den Modellanleitungen jeweils angegeben.

Für die Anleitungen im Buch brauchst du eine Stichlänge von 2,5, wenn es nicht anders angegeben ist.

WENDEÖFFNUNG SCHLIESSEN

Wendeöffnungen kannst du knappkantig mit der Nähmaschine zunähen oder mit Handstichen schließen. Bei Modellen, die mit Watte ausgefüllt werden, benutzt du Handstiche, da du das Modell nicht mehr unter das Nähmaschinenfüßchen schieben kannst.

ÜBERWENDLINGSSTICH

Mit dem Überwendlingsstich kannst du Wendeöffnungen schließen. Stich die Nadel immer wieder von der gleichen Seite durch beide Stofflagen. Zum Schluss sicherst du die Naht mit einigen Rückstichen. Dafür stichst du am Schluss einen Stich zurück und führst dann die Nadel wieder aus dem letzten Stich heraus. Wiederhole das Ganze zweimal und schneide das Fadenende anschließend ab.

MATRATZENSTICH

Zum Schließen von Wendeöffnungen kannst du auch den Matratzenstich benutzen, dann ist die Naht unsichtbar. Stich an einem Ende der Öffnung durch einen Stoff aus und genau auf der gleichen Höhe in den anderen Stoff wieder ein. Arbeite weiter, indem du immer abwechselnd in die beiden Stoffe einstichst.

Damit dir beim Nähen mit Nadel und Faden der Faden nicht immer wieder aus der Nadel rutscht, befestige ihn mit einem doppelten Knoten an der Nadel

BÄNDER UND KLETTVERSCHLÜSSE AUFNÄHEN

Nähe gemusterte Bänder an beiden Rändern mit einem kleinen Zickzackstich fest, damit die Motive gut sichtbar bleiben. Achte hierbei darauf, dass die Nadel immer jeweils einmal in den Stoff, das Klettstück oder das Webband und einmal knapp daneben einsticht. Einfarbige Bänder können mittig mit einer geraden Naht oder dem Zickzackstich aufgenäht werden. Klettverschlüsse nähst du rundherum mit Zickzackstich auf.

MIT WATTE FÜLLEN

Einige Modelle wie z. B. der Teddy werden mit Watte gefüllt. Du kannst die Watte mit dem stumpfen Ende eines Bleistiftes in die Modelle schieben, wenn du mit deinen Händen nicht bis in die Spitzen kommst.

Wenn beim Füllen die Naht wieder aufgeht, kannst du sie von außen mit Überwendlings- oder Matratzenstich schließen.

DRUCKKNÖPFE ANBRINGEN

Befestige die Druckknöpfe mithilfe einer speziellen Zange an der gewünschten Stelle. Halte dich an die Herstelleranleitung.

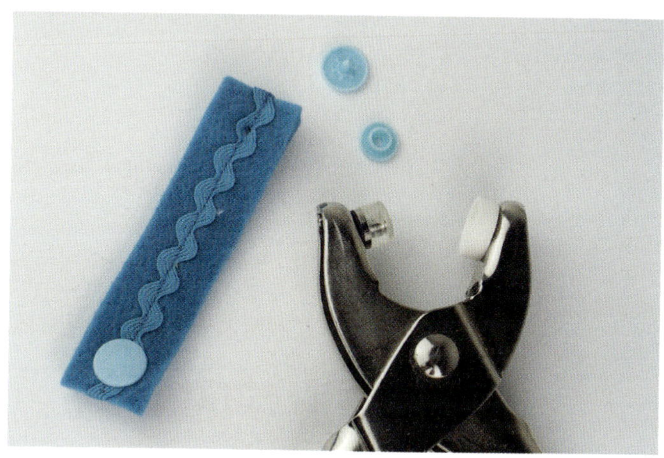

SCAN & WATCH

Hier geht's zum Video!

AN DIE NÄHMASCHINE, FERTIG, LOS!

CHECKLISTE:

1 Nähmaschine auf einem Tisch mit guter Höhe zum sitzen platzieren.

2 Nähmaschine an den Strom und das Pedal anschließen und einschalten.

3 Oberfaden und Unterfaden in die Maschine einlegen und einfädeln.

4 Fadenspannung (3-4) und Nähfußdruck (2) kontrollieren.

5 Gewünschte Stichart und Stichlänge einstellen.

6 Stoff unter das Nähfüßchen in Position bringen und Füßchen absenken.

7 Ober- und Unterfaden nach hinten legen und festhalten, bis die ersten Stiche genäht wurden.

8 Losnähen und ggf. gleich die Naht verriegeln.

DAS NÄHPEDAL

Das Nähpedal schließt du an deine Maschine an und kannst so mit dem Fuß die Geschwindigkeit der Nähmaschine, also die Auf- und Abbewegung der Nähnadel steuern. Alternativ geht es auch mit der Hand und dem Rad rechts an deiner Maschine. Das macht aber nur Sinn, wenn die Stelle etwas komplizierter ist oder die Stofflagen an der jeweiligen Stelle etwas dicker sind.

DAS RICHTIGE FÜSSCHEN FÜR DEN RICHTIGEN STICH.

Es gibt für jedes Nähvorhaben den richtigen Nähfuß. Auf dem Bild hier siehst du drei. Der Reissverschlussfuß (links), mit ihm lassen sich Reißverschlüsse ganz leicht anbringen, der Normalnähfuß (mitte), mit ihm lassen sich super normale Nähte nähen und zu guter letzt der Blindstichfuß (rechts), er eignet sich für „unsichtbare“ Nähte oder auch für das Zusammennähen von dehnbaren Stoffen mit einem Overlockstich.

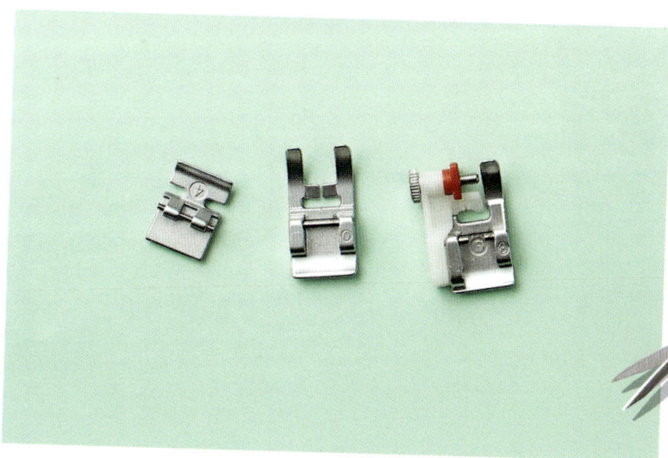

FÜSSCHEN AN DER MASCHINE ANBRINGEN.

Hebe das Füßchen mit dem Hebel nach oben. Nun kannst du etwas Druck auf das Füßchen ausüben und es löst sich aus seiner Halterung. Das neue Füßchen lässt sich am einfachsten wieder einsetzen, indem du es in Position bringst und dann mit dem Hebel das Verbindungsstück nach unten führst und so das Füßchen einrasten lässt.

FÜSSCHENBREIT NÄHEN

Manchmal steht in der Anleitung „füßchenbreit nähen“- Dann wird das Füßchen beim Nähen genau entlang der Kante des Stoffs geführt. Das kannst du gut anwenden, wenn du 7–10 mm Nahtzugabe geschnitten hast.

ABSTEPPEN – KNAPPKANTIG NÄHEN

Nähe so dicht wie möglich (2–3 mm) am Stoffrand entlang. So lassen sich zwei Stoffstücke aneinander nähen oder auch ein Schrägband an einem Stoffstück „feststeppen“, festnähen.

Ich nutze dafür am liebsten eine Stichlänge von 2-3 mm.

RUNDUNGEN NÄHEN

Rundungen kannst du einfacher nähen, wenn du eine kleine Stichlänge von etwa 1,5 mm einstellst. Dann macht die Nähmaschine kleinere „Schritte“. Sie näht automatisch langsamer und du kannst den Stoff leichter in den Kurven steuern. Manchmal ist es nötig, das Füßchen anzuheben und den Stoff neu auszurichten. Drehe mit der Hand am Rad, bis die Nadel im Stoff steckt, bevor du das Füßchen hebst, so kann nichts verrutschen. Richte den Stoff neu aus und senke das Füßchen wieder ab, bevor du weiternähst.

ECKEN NÄHEN

Nähe bis zu dem Eckpunkt und drehe an dem Handrad, bis die Nadel im Stoff steckt. Das ist wichtig, damit der Stoff nicht verrutscht. Stelle jetzt das Füßchen hoch und richte den Stoff so aus, dass du auf der Nahtlinie weiternähen kannst. Senke das Füßchen ab, bevor du weiternähst.

NICHT DEHNBARE STOFFE NÄHEN

Baumwollstoffe und andere nicht dehnbare Stoffe wie z. B. Frottee oder Steppstoffe nähst du mit geraden Stichen zusammen. Mit dem Zickzackstich versäuberst du Nahtzugaben (im Foto Mitte). Den Zickzackstich und verschiedene Zierstiche (im Foto oben) kannst du auch zum Verzieren deiner Modelle benutzen.

Wird am Anfang der Stoff in die Nähmaschine gezogen, hältst du einfach Ober- und Unterfaden straff nach hinten gezogen fest. Dann schiebt sich der Stoff schön unter das Nähfüßchen.

DEHNBARE STOFFE NÄHEN

Zum Zusammennähen von dehnbaren Stoffen wie Jersey verwendest du einen dehnbaren Stich (im Foto oben). Gut geeignet ist der dreifache Geradstich (Jerseystich). Du kannst aber auch einen flach eingestellten Zickzackstich benutzen, wenn deine Nähmaschine keinen Jerseystich hat (im Foto Mitte). Mit verschiedenen dehnbaren Zierstichen kannst du deine Modelle verschönern. Du kannst sie z. B. auch bei sichtbaren Nähten wie den Saumnähten verwenden (im Foto unten).

VERSÄUBERN MIT ZICKZACKSTICHEN

Mit dem Zickzackstich versäuberst du Stoffkanten und Nähte. Dabei sticht die Nadel immer einmal in den Stoff und einmal knapp daneben ein. So ist die Stoffkante vor dem Ausfransen geschützt. Du kannst den Stich auch bei Applikationen benutzen.

SCHRÄGBAND NÄHEN

Schneide einen Streifen zu, der 4-mal so breit ist, wie dein Schrägband am Ende sein sollte. Falte dieses in der Mitte, bügle über die Kante. Öffne das Band wieder und klappe nun die offenen Kanten zur vorgebügelten Mitte. Klappe nun alles wieder zusammen und fixiere die Faltungen mit dem Bügeleisen. Wenn du das Schrägband für Rundungen benötigst, musst du den Streifen im Fall von Webware in einem 45° Winkel zuschneiden. Der Stoff ist dann etwas elastischer.

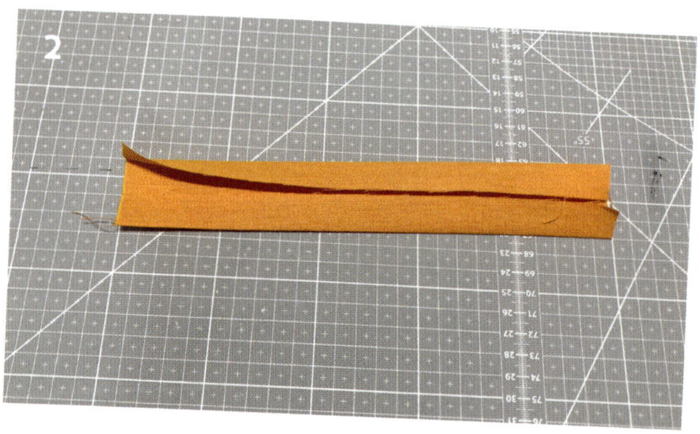

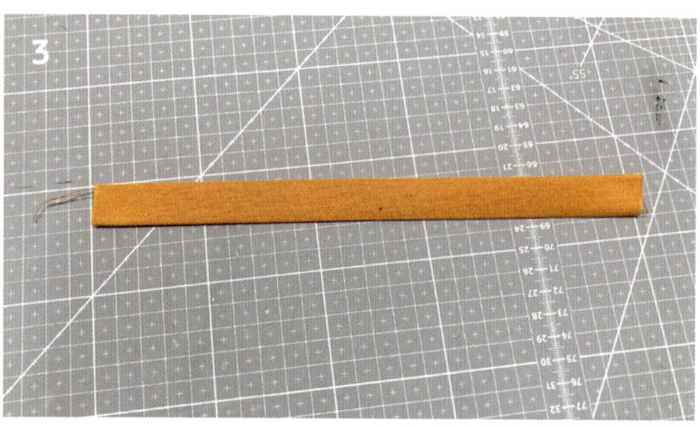

ÖSE UND KAMSNAP ANBRINGEN

Du steckst als erstes die Spitze deines Druckknopteils durch den Stoff. Nun kannst du das Verschlussteil darauflegen und mit der Zange alles zusammendrücken. Achte darauf die richtigen Aufsätze zu benutzen. (Glattes Teil, wo der Knopf perfekt in die Rundung passt, und Gummiknubbel, der Druck auf das Verschlussteil ausübt und so am Ende alles fixiert.). Beim Gegenstück wird wieder ein glatter Knopf und dann das Gegenstück zu dem bereits fixierten Stück verwendet und auf die gleiche Art und Weise mit der Zange fixiert.

EINFASSEN

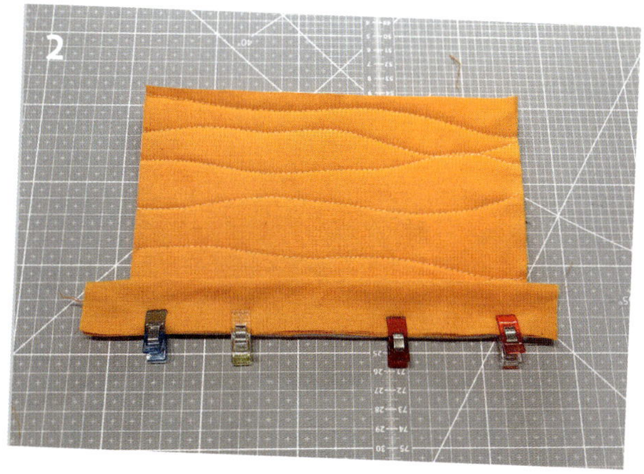

1 Schneide einen Streifen mit 6,5 cm Breite und der Länge deines einzufassenden Stücks zu, falte es der Länge nach und bügle es links-auf-links zu einem schmalen, gefalteten Streifen.

2 Die offene Kante anschließend an den Stoff stecken.

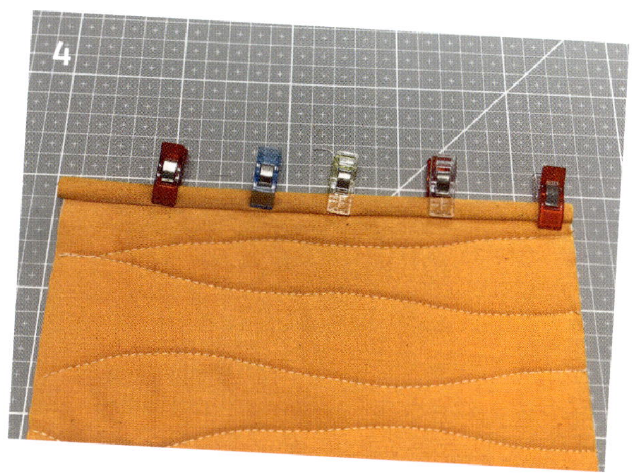

3 Mit 1 cm Nahtzugabe festnähen, einmal umklappen und bügeln. Danach einmal komplett drum herum legen. Es sollte jetzt deine vorherige Naht überdecken.

4 Nun feststeppen und

FERTIG!

ÜBUNGEN

AUF PAPIER

Hier geht's zum Download der Übungen

Drucke dir die Übungen aus und beginne am besten bei Blatt 1. Übe so oft du möchtest und denke daran: „Übung macht den Meister"

GERADE LINIEN

Probiere hier gerne unterschiedliche Stiche und Stichlängen aus.

ZICKZACK

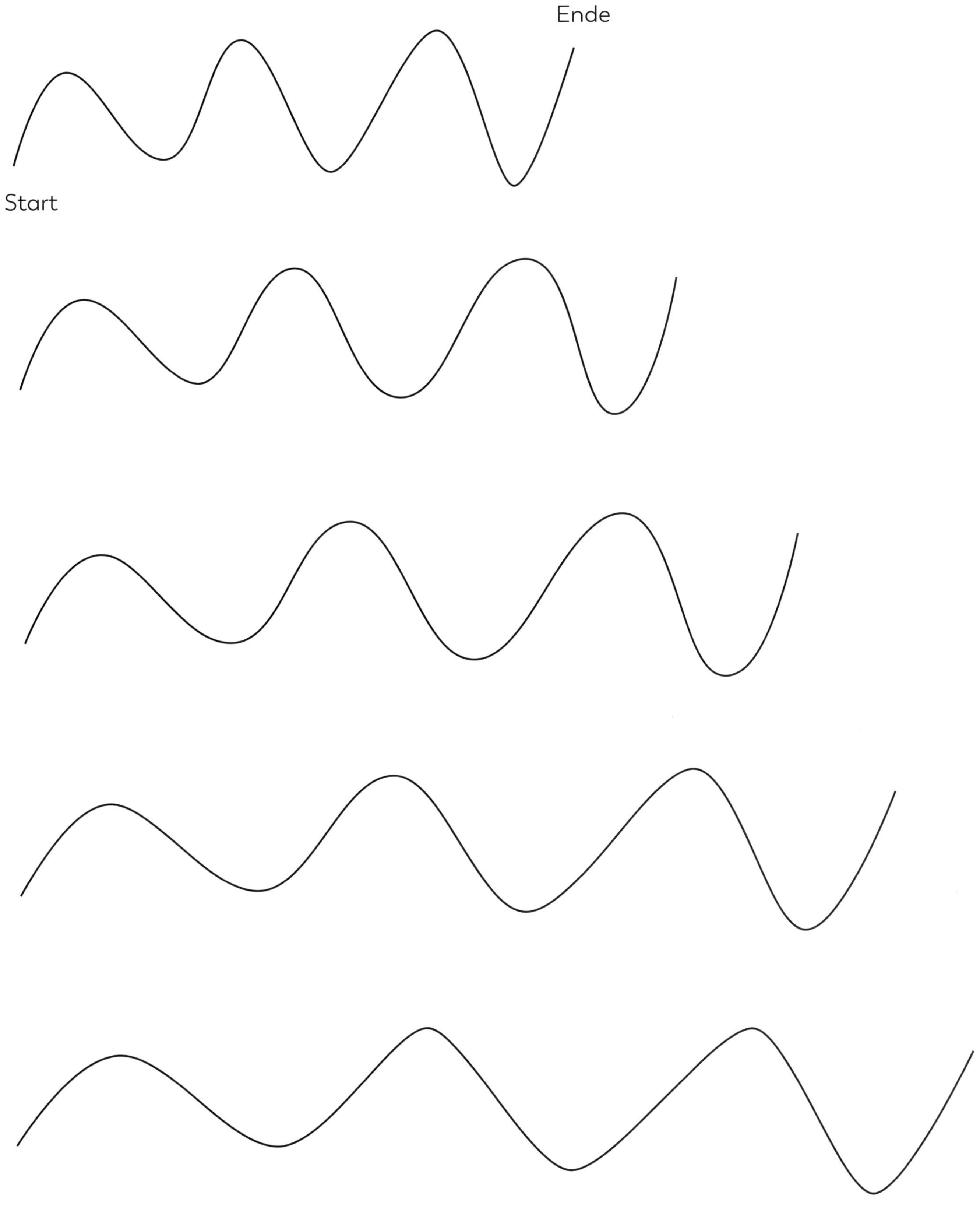
Ende
Start

ECKEN

Start

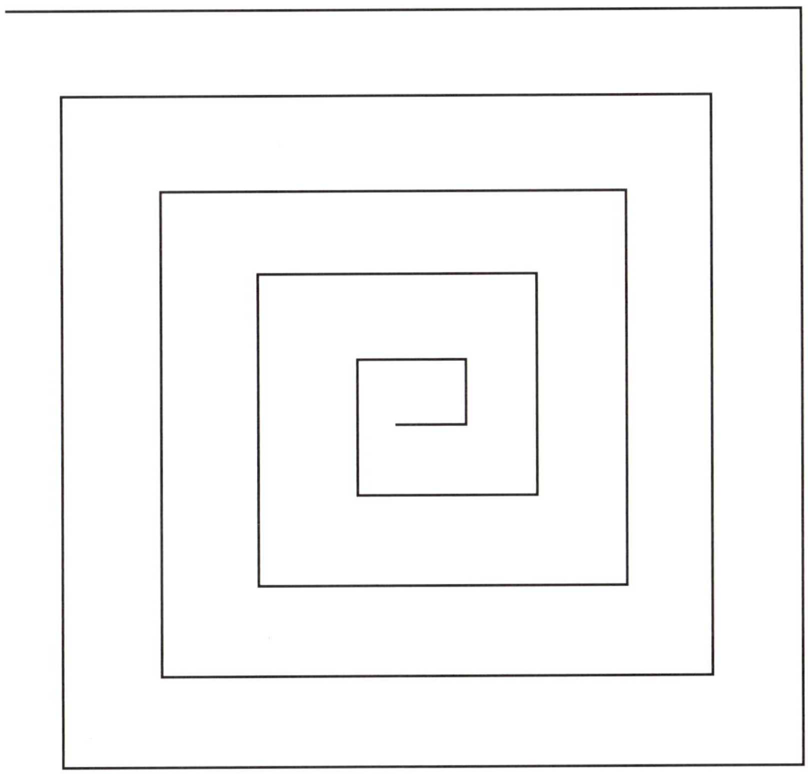

Start

MODELLE

Bei allen Materialangaben zur Stoffmenge gehe ich von einer Stoffballenbreite von 1,40 m aus. Daher ist in der Regel immer nur die Stofflänge angegeben und nicht die Stoffbreite. Möchtest du mit Stoffresten nähen, schaue auf die Angaben beim Zuschnitt.

BANDEAU

DER SCHNELLE HAARBÄNDIGER

MATERIAL:

- Jersey, 50 cm
- Schere
- Stift und Lineal zum Aufzeichnen
- Nähgarn
- Nähmaschine

ZUSCHNEIDEN:

- Breite: Wunschbreite x 2 + 2 cm
- Länge: Kopfumfang - 2–3 cm

1 Bemesse Länge und Breite des Jerseystoffes und schneide ein entsprechendes Stück zu.

2 Falte die kurze Seite des Streifens r-a-r zusammen und nähe die lange Kante zusammen.

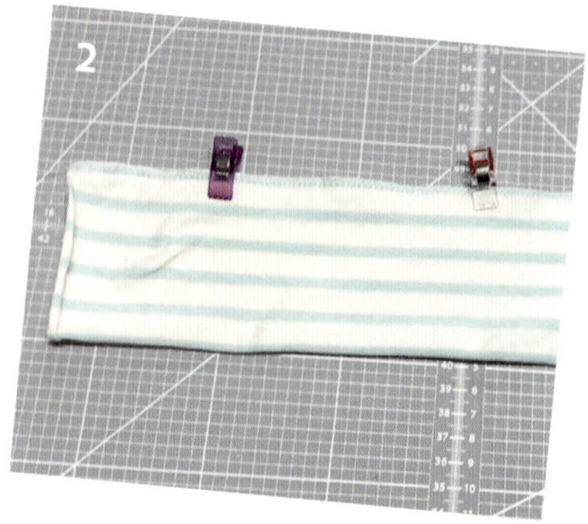

3 Danach wenden und bügeln.

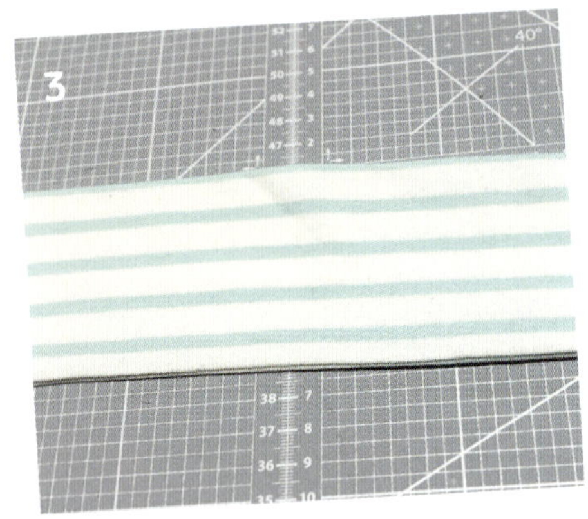

4 Den Streifen erst der Breite und dann der Länge nach zusammenfalten. Anschließend von der geschlossenen Seite zur offenen Seite schräg abschneiden. Klappe den Streifen auf.

Du solltest nun an jedem Ende ein Dreieck sehen.

5 Klappe den Streifen entlang der kurzen Seite wieder zusammen. Dann die beiden Enden des Streifens nach unten falten, sodass es wie ein Kragen aussieht. Die offene Seite sollte dabei innen sein. Dann legst du die Enden abwechselnd aufeinander (erst links, dann rechts, dann links und dann wieder rechts). Zum Schluss nähst du die Enden gut zusammen. Nun faltest du das Band wieder auseinander.

FERTIG!

STIFTE-MÄPPCHEN

DER STAR IN DER SCHULTASCHE

MATERIAL:

- Außenstoff, 30 cm
- Vlies H640, 30 cm
- Innenstoff, 40 cm
- Reißverschluss mind. 25 cm (bei Endlosreißverschluss auch ein Zipper)
- Style Fix Klebeband
- Stift und Lineal zum Aufzeichnen
- Schere
- Nähgarn
- Nähmaschine
- Stecknadeln

ZUSCHNEIDEN:

Alle Maße enthalten bereits 1 cm Nahtzugabe.

- 1 x Außenstoff: 30 cm x 30 cm
- 1 x Vlies H640: 30 cm x 30 cm
- 1 x Innenstoff: 30 cm x 30 cm
- 1 x Innenstoff: 100 cm x 6,5 cm

SCAN & WATCH

Hier geht's zum Video!

1 Schneide Innen-, Außenstoff und Vlies in der entsprechenden Größe zu.

2 Wenn alle Teile zugeschnitten sind, das Vlies auf den Innen- oder Außenstoff bügeln. Den jeweils anderen Stoff mit der linken Seite ebenfalls auf das Vlies legen. Es sollte dann wie folgt liegen: Stoff – Vlies – Stoff. Nähe diese drei Lagen in geraden Linien und einem Abstand zwischen 2–3 cm.

Ich habe gerade Nähte mit 3 cm Abstand gewählt.

3 Das Sandwich zu einem 25 cm x 25 cm großen Stück zurückschneiden. Danach zwei gegenüberliegende Seiten einfassen (siehe Grundanleitung S. 47).

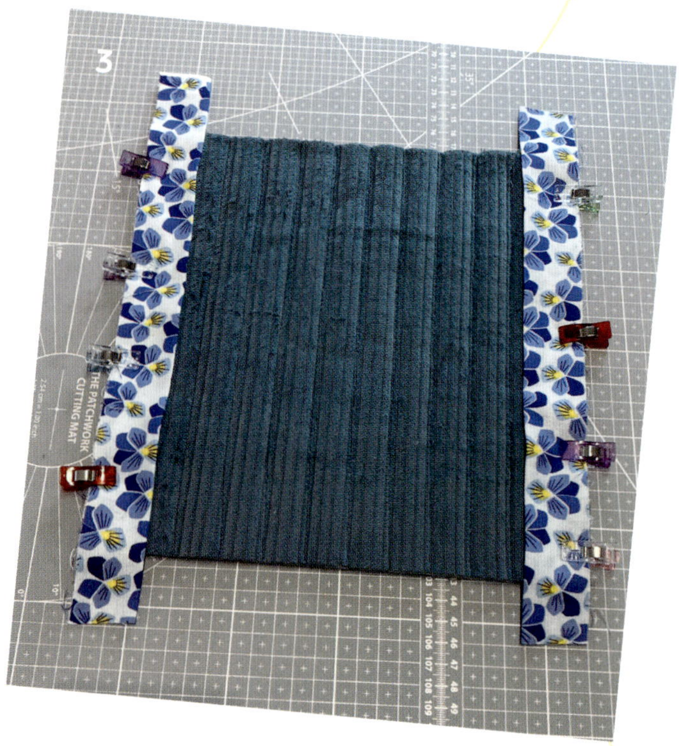

4 Mit Style Fix den Reißverschluss auf der Innenseite an die eingefassten Kanten kleben und mit zwei Nähten sichern. Danach den Zipper aufziehen und das Mäppchen auf links wenden.

„sichern" bedeutet die untere Naht wird doppelt genäht.

5 Den Reißverschluss in die Mitte legen und auch an der kurzen Kante einfassen. Wenden und

FERTIG!

SCAN & WATCH

Hier geht's zum Video!

TEDDY MIT SCHAL

TREUER BEGLEITER UND GLÜCKSBRINGER

MATERIAL:

- Außenstoff für den Körper (hier Jeansblau), Maße: 42 cm x 55 cm
- Stoff für Ohren, Maße: 8 cm x 30 cm
- Filz in Weiß und Schwarz, 1 mm stark, Reste
- drei Jerseyreste für den Schal
- Textilkleber
- Sticktwist in Hellbraun
- Füllwatte
- Permanent Marker, schwarz
- Stift und Lineal zum Aufzeichnen
- Schere
- Nähgarn
- Nähnadel
- Nähmaschine
- Stecknadeln

ZUSCHNEIDEN:

Schneide den Teddykörper mit 1cm Nahtzugabe, die Filzteile ohne Nahtzugabe zu.

Schal: 3 x Jersey: 80 cm x 3 cm (entlang des Fadenlaufs (also direkt an der Webkante))

SIEHE SCHNITT-MUSTERBOGEN

1 Das Schnittmuster für den Körper übertragen und mit 1cm NZ ausschneiden. Aus dem Jerseystoff die drei Streifen für den Schal ausschneiden.

2 Aus dem Stoff für die Ohren und die Arme je ein Stück herausschneiden, r-a-r in der Mitte falten und Ohren bzw. Beine zweimal ohne Nahtzugabe abzeichnen, sodass sie mit ca. 5 mm Nahtzugabe ausgeschnitten werden können. Entlang der Linien nähen und mit 5 mm Nahtzugabe ausschneiden. Dann wenden, mit Füllwatte füllen und die offenen Enden schließen.

3 Aus dem schwarzen und weißen Filz die Teile für Augen und Nase ausschneiden. Die schwarzen Teile mit Textilkleber auf die Weißen kleben. Mit dem Permanentmarker einen Mund aufmalen. Anschließend die Augen und die Nase auf der Vorderseite des Körperteils festkleben.

4 Im unteren Bereich der Körpervorderseite für das Fell mit gelbem Nähgarn und einer Nähnadel die Striche aufnähen. Dazu stichst du mit der Nadel entlang einer geraden Linie in einem Abstand von ca. 1 cm abwechselnd von unten und oben durch den Stoff und ziehst den Faden durch.

5 Für den Schal einmal ganz kräftig an den Jerseystreifen ziehen, bis sie sich einrollen. Die drei Jerseybänder zu einem Schal flechten.

6 Die Rückseite des Körpers mit der rechten Seite nach oben hinlegen, die Arme und Ohren darauf festklemmen und die Vorderseite mit der rechten Seite nach unten darauflegen. Nun Vorder- und Rückseite zusammennähen, dabei eine Wendeöffnung lassen. Wenden, den Teddy mit Füllwatte ausstopfen und die Wendeöffnung schließen.

7 Den Schal umlegen und falls er zu lang ist, noch kürzen.

FERTIG!

MATERIAL:

- Canvas, 70 cm
- Gurtband, 1,7 m
- Stift und Lineal zum Aufzeichnen
- Schere
- Nähgarn
- Nähmaschine
- Textilkleber
- Stecknadeln

ZUSCHNEIDEN:

- 2 x Canvas: 30 cm x 42 cm
- 2 x Gurtband: 80 cm (Enden abflämmen)

SCAN & WATCH

Hier geht's zum Video!

1 Den Canvas-Stoff und das Gurtband, wie im Zuschnitt angegeben, zuschneiden.

2 Die beiden Stoffstücke r-a-r legen und an drei Seiten zusammennähen. Die obere Kante muss offen bleiben.

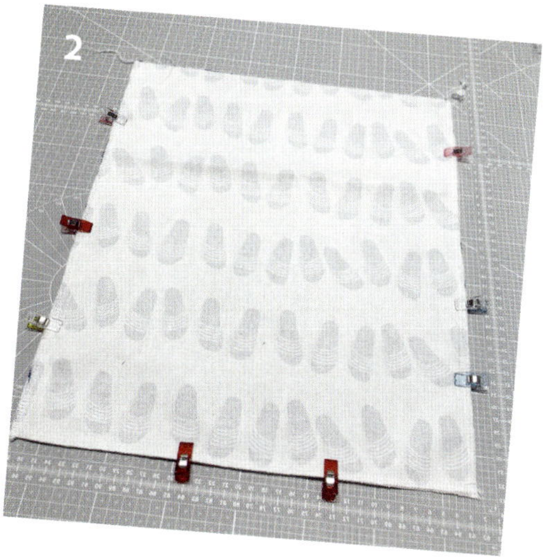

JUTEBEUTEL

FÜR JEDEN SHOPPING-TRIP BEREIT!

3 Wenden und in den Ecken kurz vor die Naht schneiden, damit die Ecken schöner werden. Dann die obere Kante zweimal um 3 cm umschlagen und bügeln.

4 Auf jeder Seite die Mitte der oberen Kante ermitteln. Je 5 cm rechts und links von der Mitte ein Gurtband feststecken (oder mit Textilkleber fixieren).

5 Die obere und untere Kante des Einschlags absteppen.

FERTIG!

SCAN & WATCH

Hier geht's zum Video!

SCRUNCHIE

DIE PARTY IM HAAR

MATERIAL:

- Haargummi
- Stoffrest, 10 cm x 40 cm
- Stift und Lineal zum Aufzeichnen
- Schere
- Nähgarn
- Nähmaschine
- Stecknadeln

ZUSCHNEIDEN:

Alle Maße enthalten bereits 1 cm Nahtzugabe.

Außenstoff: 40 cm x 10 cm

1 Messe ein 40 cm x 10 cm großes Stoffstück ab und schneide es aus.

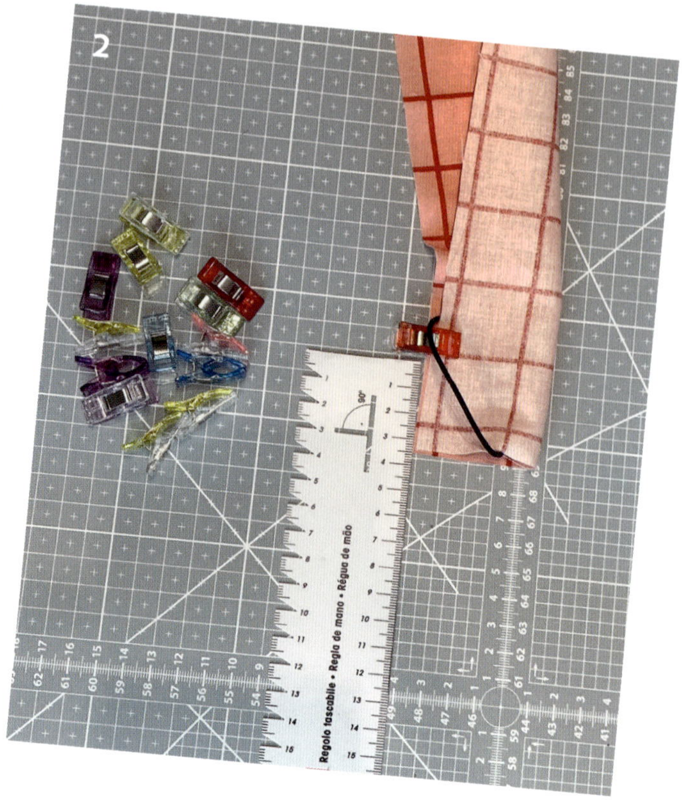

2 Die lange Seite des Stoffes r-a-r um das Haargummi wickeln. Dazu die kurze Seite des Stoffes mittig zusammenfalten und vorsichtig stückchenweise entlang der langen Seite zusammennähen. Am besten nicht stecken und den unteren Stoff immer nachziehen. Lass dabei am Anfang und am Ende 4 cm Platz.

Achte darauf, dass du das Haargummi nicht mit einnähst. Mit den Fingern kannst du ertasten, wo es sich befindet.

3 Danach den Stoff auf rechts wenden.

Das dauert, aber es geht. Ein Stift oder Kochlöffel kann beim Stopfen hilfreich sein.

4 Dann schließt du die Öffnung an der kurzen Seite. Lege dafür die Enden r-a-r aufeinander und nähe sie zusammen. Achte darauf, dass das Band nicht verdreht ist und die Nahtkante der langen Seite außen zu sehen ist.

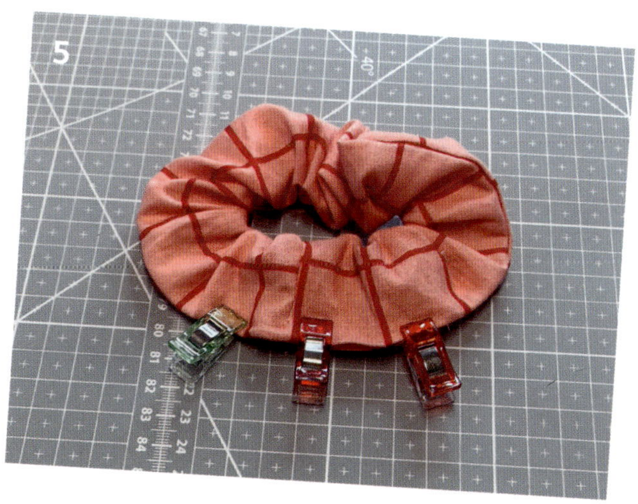

5 Jetzt die Nahtzugabe an der Öffnung auf der langen Seite nach innen stecken und mit der Nähmaschine oder per Hand schließen.

FERTIG!

KISSEN MIT HOTEL-VERSCHLUSS

FÜR MEHR GEMÜTLICHKEIT IN DEINEM ZIMMER

MATERIAL:

Für ein fertiges Kissen mit den Maßen 40cm x 40cm.

- Canvas, 130 cm x 50 cm
- Stift und Lineal zum Aufzeichnen
- Schere
- Nähgarn
- Nähmaschine
- Stecknadeln

ZUSCHNEIDEN:

Für ein 40 cm x 40 cm Kissen:
128 cm x 42 cm

SCAN & WATCH

Hier geht's zum Video!

1 Schneide nach den Angaben ein Stück aus dem Stoff heraus.

2 Den Stoff mit der linken Seite nach oben hinlegen. Die kurzen Ränder zweimal um 2 cm einschlagen, bügeln und absteppen.

3 Die kurzen Seiten r-a-r so übereinanderlegen, dass eine Seite 15 cm länger ist. Das 15 cm lange Teil umklappen und unter das Viereck legen. Anschließend nähst du die Kanten zusammen. Achte darauf, dass die Ränder der drei Teile gerade aufeinanderliegen.

4 Jetzt kannst du das Kissen wenden und ein Inlay hereinstopfen.

FERTIG!

PATCHWORK KISSENHÜLLE

KUNTERBUNTE RESTEVERWERTUNG

Du kannst hier auch einfach Reste verschiedene Stoffe verwenden

MATERIAL:

- Patchworkstoff 1: 40 cm
- Patchworkstoff 2: 80 cm
- Vlies G700, 40 cm x 40 cm
- Druckknöpfe oder Klettband
- Schere
- Stift und Lineal zum Aufzeichnen
- Nähgarn
- Nähmaschine
- Stecknadeln

ZUSCHNEIDEN:

- 5 x Patchworkstoff 1: 7 cm x 45 cm
- 5 x Patchworkstoff 2: 7 cm x 45 cm
- 2 x Patchworkstoff 2: 40 cm x 26 cm
- Vlies G700: 40 cm x 40 cm

1 Die Streifen aus dem Patchwork Stoff und das Vliesstück zuschneiden.

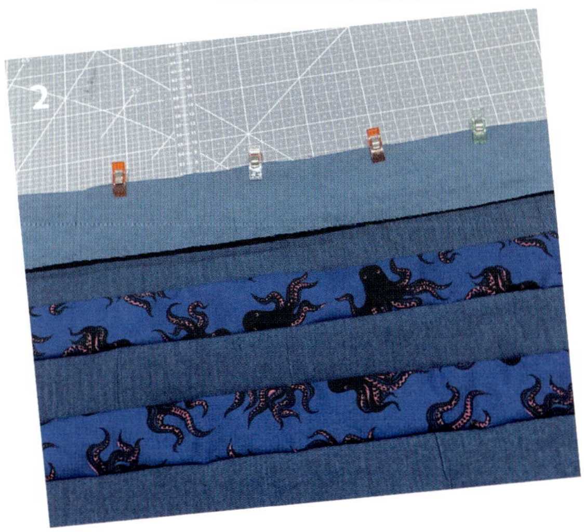

2 Zuerst die Streifen zusammennähen. Dazu klemmst du erst zwei Streifen r-a-r aneinander und nähst entlang der langen Kante. Dann klappst du das Stück auf, legst auf den oberen Streifen einen neuen Streifen mit der rechten Seite nach unten und nähst ihn an. So fährst du fort, bis alle Streifen angenäht sind. Danach alle Nahtzugaben auf oder zu einer Seite bügeln.

Abwechselnd oder wie du das eben magst.

3 Bügel die Vlieseinlage gerade auf das genähte Teil und schneide es auf 40 cm x 40 cm zurück. Ich habe hier noch die Webkante von einem meiner Stoffe aufgenäht, dass ist optional.

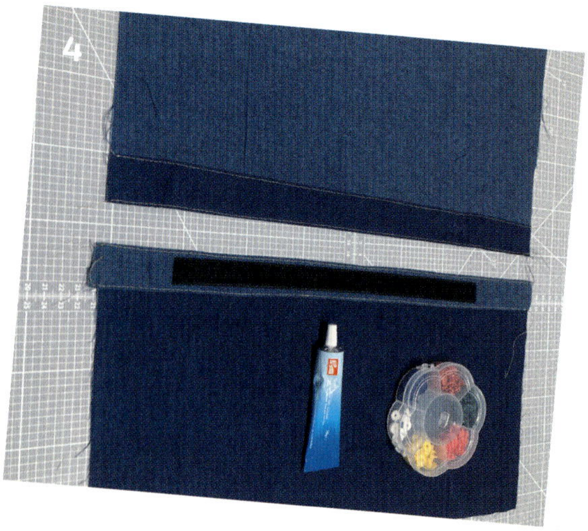

4 Die kurze Kante der beiden Rückteile zweimal um 3 cm einschlagen und bügeln. Hier kannst du jetzt entweder Klettband annähen oder zuerst deinen Einschlag absteppen und danach Druckknöpfe anbringen. Du kannst aber auch – wie ich – nach dem Absteppen das Klettband mit Textilkleber fixieren.

5 Den Verschluss des Rückenteils schließen, sodass die Rückseite sozusagen ein Teil ist und r-a-r auf das Vorderteil legen. Dann alle Kanten abnähen und kleine Ecken bis kurz vor die Naht ausschneiden. Wenden und

SCAN & WATCH

Hier geht's zum Video!

WALDMEISTER
Frigeo
Ahoj-Brause
BRAUSE

SCHLÜSSEL-ANHÄNGER

KREATIVITÄT ÖFFNET TÜREN

MATERIAL:	ZUSCHNEIDEN:
SnapPap, 30 cm	SnapPap: 30 cm x Breite des Karabiners
Karabiner	
Schere	
Stift und Lineal zum Aufzeichnen	

SCAN & WATCH

Hier geht's zum Video!

1 SnapPap entsprechend der Angabe zuschneiden.

2 Nach Belieben die SnapPap kneten, damit sie mehr die Optik von Leder bekommt, oder einen Zierstich darauf nähen.

3 SnapPap-Teil durch den Karabiner ziehen und an den kurzen Kanten absteppen. Kurz unterhalb des Karabiners ebenfalls absteppen.

FERTIG!

BUCHKISSEN

HÄNDE FREI – TEETASSE REIN!

MATERIAL:

- Canvas, 70 cm
- Füllmaterial
- Schere
- Stift und Lineal zum Aufzeichnen
- Nähgarn
- Nähmaschine
- Stecknadeln

ZUSCHNEIDEN:

- Canvas: 70 cm x 25 cm

SCAN & WATCH

Hier geht's zum Video!

1 Schneide aus dem Canvas-Stoff nach den Angaben ein Stück heraus.

2 Falte den Canvas-Stoff der Länge nach und nähe die beiden langen Kanten ab. Achte darauf, wirklich komplett durch zu nähen, damit später kein Füllmaterial austritt.

3 Wenden, die Enden der beiden Nähte aufeinanderlegen und mit Füllmaterial füllen, bis du eine Pyramide erhältst. Dabei am offenen Ende noch 7 cm Platz lassen. Hier kannst du jetzt nähen. Optional im Abstand von 1 cm eine zweite Naht setzen. Dann das offene Ende um 1 cm einklappen und schließen.

FERTIG!

GASOLINES RACING OIL
Motorcycle Engines
FUEL-INJECTED ENGINES

SPORTBEUTEL

COOL UNTERWEGS – EGAL WOHIN

MATERIAL:

- Canvas, 50 cm
- Ösen, 8 mm
- Werkzeug
- Hammer
- Kordel, 2–2,5 m
- Label (optional)
- Stift und Lineal zum Aufzeichnen
- Schere
- Nähgarn
- Nähmaschine
- Stecknadeln

ZUSCHNEIDEN:

- 2x Canvas, 45 cm x 35 cm

SCAN & WATCH

Hier geht's zum Video!

1 Schneide den Canvas-Stoff zu.

2 Die beiden seitlichen sowie die untere Kante des Canvas-Stoffstücks stecken. An den beiden Seitenkanten lässt du beim Nähen 7 cm offen, die brauchst du für den Tunnelzug. An den Ecken bis kurz vor die Naht schneiden, dann lassen sie sich schöner wenden.

3 Die obere Kante erst um 1 cm, dann um 3 cm falten und bügeln.

4 Nun die obere Kante absteppen. Auf beiden Seiten je ein ca. 1 m langes Stück der Kordel durchziehen.

5 An den beiden unteren Ecken einen schrägen Strich einzeichnen, sodass ein Dreieck zu sehen ist. Dazu von den Ecken nach oben und zur Seite je 10 cm abmessen und die beiden Punkte miteinander verbinden. Nähe entlang der eingezeichneten Linie ab.

6 In der Mitte der Dreiecke eine Öse anbringen.

Das Klappt auch bei mir nicht immer.

7 Zum Schluss auf jeder Seite eines der Kordelenden durch die Öse ziehen und mit dem Ende der anderen Kordel verknoten.

FERTIG!

MATERIAL:

- Außenstoff, 35 cm x 30 cm
- Innenstoff, 35 cm x 40 cm
- Vlies H250, 35 cm x 30 cm
- Vlies H630, 35 cm x 30 cm
- Stift und Lineal zum Aufzeichnen
- Schere
- Nähgarn
- Nähmaschine
- Stecknadeln

ZUSCHNEIDEN:

- Innenstoff: 35 cm x 30 cm
- Innenstoff für Bänder: 6 cm x 6 cm
- 2 x Außenstoff und Vlies H250 und Vlies H630 jeweils: 35 cm x 30 cm

SCAN & WATCH

Hier geht's zum Video!

1 Alle Teile entsprechend der Angaben zuschneiden.

2 Ein Teil des Außenstoffs mit H250-Vlies und eins mit H630-Vlies bebügeln.

3 Falte das Innenstoffteil mittig l-a-l, sodass ein 17,5 cm x 30 cm großes Stück entsteht und lege es auf den Außenstoff, der mit H250-Vlies bebügelt wurde, bündig an die untere Kante. (s. Bild 4). Die offene Kante deines gefalteten Innenstoffes zeigt nach unten. Nähe von der unteren Kante aus Unterteilungen ein, in die du die Stifte stecken kannst.

STIFTEROLLE

ORDNUNG IM KREATIVCHAOS

4 Für die Bänder aus dem kleiner zugeschnittenen Innenstoff, Schrägbänder nähen (s. Seite 46).

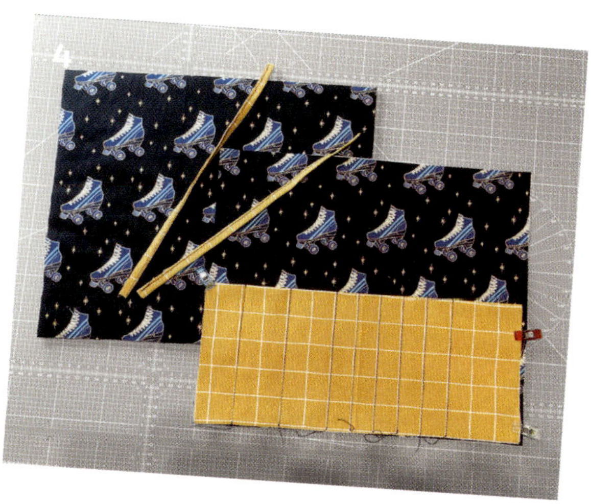

5 Dann die Bänder übereinander mittig an der kurzen Kante des Innenteils feststecken und das mit H630 bebügelte Außenteil mit der Vliesseite nach oben darauflegen und feststecken.

6 Nähe alle Seiten ab, lasse aber an der oberen Kante eine Wendeöffnung. Nach dem Wenden kannst du es bügeln und absteppen.

FERTIG!

TOPFLAPPEN

HOT OR NOT

MATERIAL:

Für einen Topflappen:

- Außenstoff, 35 cm
- Thermolam, 35 cm
- Patchworklineal oder Lineal
- Stift
- Schere
- Nähgarn
- Nähmaschine
- Stecknadeln

ZUSCHNEIDEN:

Alle Maße enthalten bereits 1 cm Nahtzugabe.

- 2 x Außenstoff: 25 cm x 25 cm
- 1 x Außenstoff: 13 cm x 6 cm
- 2 x Thermolam: 25 cm x 25 cm

SCAN & WATCH

Hier geht's zum Video!

1 Schneide die Teile aus Außenstoff und Thermolam zu.

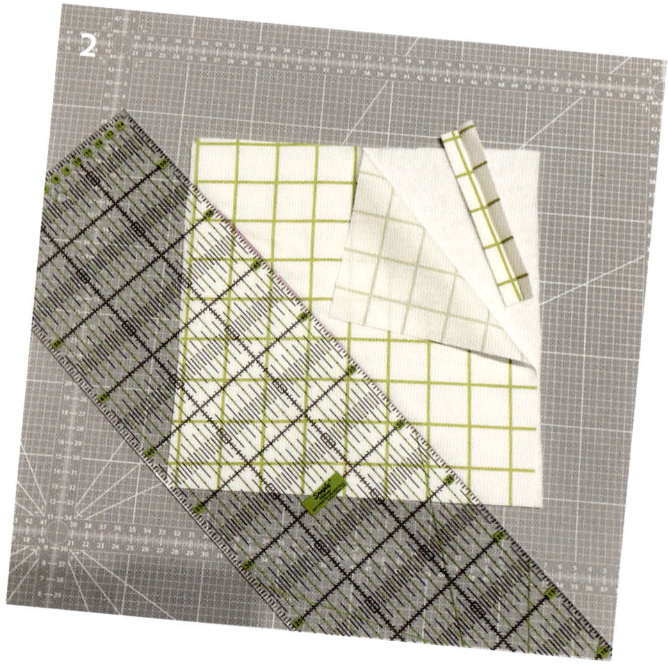

2 Lege zuerst ein Teil Thermolam und ein Teil Außenstoff l-a-l aufeinander. Zeichne danach Quadrate oder Rauten mit Hilfe eines Patchworklineals auf deinen Außenstoff. Anstelle eines Patchworklineals kann auch ein normales Lineal verwendet werden (siehe Tipp). Wiederhole dies auch mit den anderen beiden Teilen Thermolam und Außenstoff.

Mit der 45° Linie des Patchworklineals erhältst du Quadrate und mit der 60° Linie Rauten.

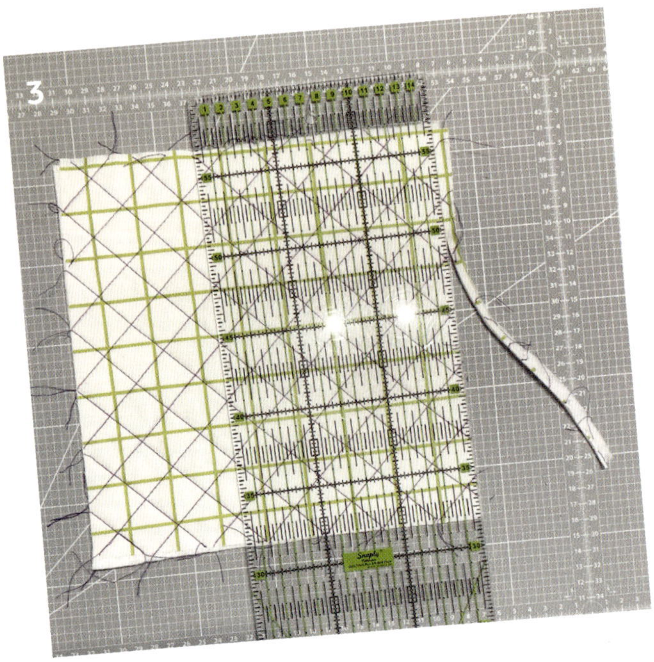

3 Nähe daraufhin die Linien mit einer längeren Stichlänge (3-4) ab, du musst hier nicht verriegeln. Auch die Fäden kannst du stehen lassen, da du das Teil auf 22 cm x 22 cm zurückschneidest. Das gleiche machst du mit den anderen zwei Teilen.

4 Falte das kleinere Stück Stoff für die Aufhängung (13 cm x 6 cm) der Länge nach einmal wie ein Schrägband und bügelt es (siehe Grundanleitung Seite 46).

Egal an welcher Kante, außer du hast ein Muster.

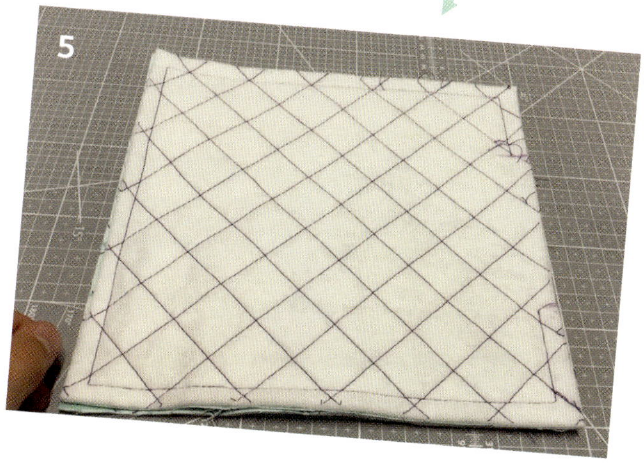

5 Jetzt die beiden Teile r-a-r aufeinanderlegen und die Aufhängung 5 cm von einer Kante entfernt anstecken. Alles feststecken. Mit 1cm Nahtzugabe einmal ringsherum alles zusammen nähen, dabei eine Wendeöffnung von etwa 4cm lassen. Vor und nach der Wendeöffnung Naht verriegeln nicht vergessen.

6 Die Ecken schräg abschneiden, die Topflappen wenden. Die Ecken ausformen, darüber bügeln unddie Nahtzugabe nach innen klappen. Als Letztes noch mit 5 mm Nahtzugabe absteppen.

FERTIG!

TIPP: Mit einem normalen Lineal musst du einfach Linien im gleichen, von dir frei gewählten Abstand ziehen. Im rechten Winkel dazu weitere Linien im gleichen Abstand einzeichnen.

KLEINES UTENSILO

AUFBEWAHRUNGSORT FÜR KLEINE SCHÄTZE

MATERIAL:

- Innenstoff, 40 cm
- Außenstoff, 40 cm
- Stift und Lineal zum Aufzeichnen
- Schere
- Nähgarn
- Nähmaschine
- Stecknadeln

ZUSCHNEIDEN:

- 2 x Innenstoff: 30 cm x 30 cm
- 2 x Außenstoff: 30 cm x 30 cm

SCAN & WATCH

Hier geht's zum Video!

1 Zeichne auf jedem der vier Quadrate an einer Kante rechts und links ein 5 cm x 5 cm großes Quadrat auf und scheide die Quadrate heraus.

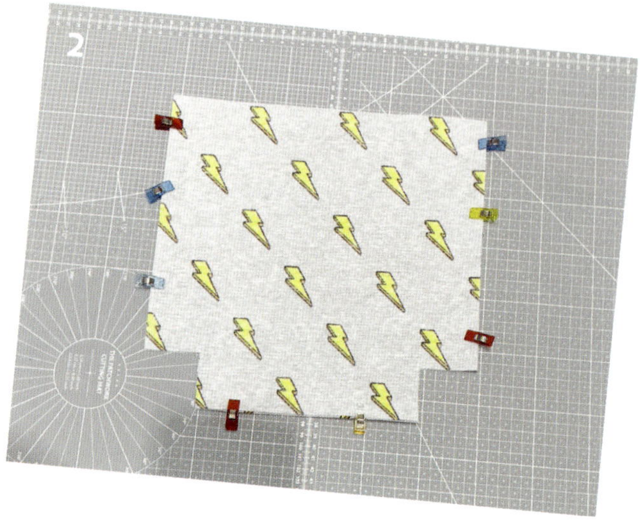

2 Die beiden Teile des Außenstoffs r-a-r legen. Die Kante zwischen den Vierecken sowie die beiden Seiten abnähen. Die Ecken sowie die Kante gegenüber der Seite mit den Quadraten werden nicht abgenäht.

3 Die Ecken so aufeinander stecken, dass sich die Nähte kreuzen, und zusammennähen. So kannst du schon ein Utensilo erkennen!

4 Wiederhole Schritt zwei und drei mit dem Innenstoff.

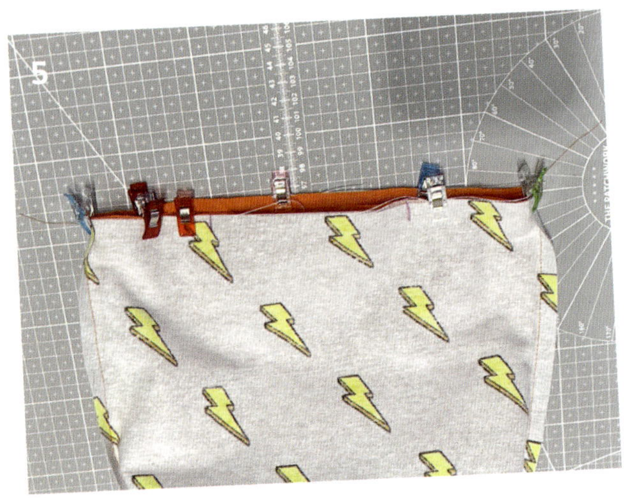

5 Eines der beiden Teile wenden und die Teile r-a-r ineinanderstecken. Die obere Kante schließen, dabei aber eine Wendeöffnung lassen.

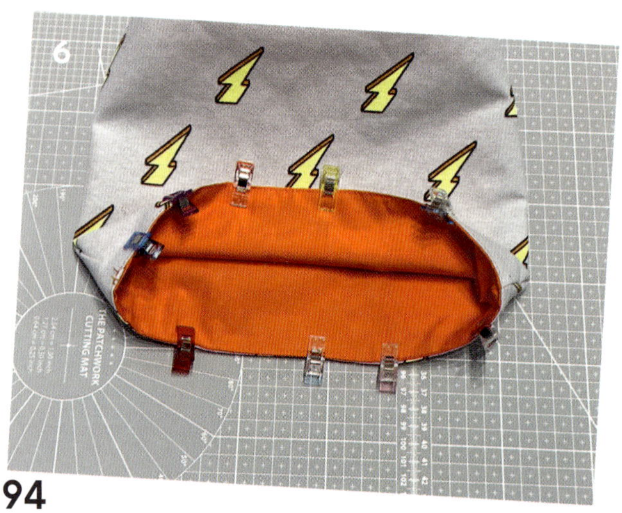

6 Dann wenden und die obere Kante absteppen. Zum Schluss noch die Wendeöffnung schließen.

FERTIG!

XXL UTENSILO

EINS – ZWEI – DREI – ORDNUNG WIEDER HERGESTELLT!

MATERIAL:

- Außenstoff, 55 cm
- Innenstoff, 55 cm
- Gurtband, 23 cm
- Decovil light
- Stift und Lineal zum Aufzeichnen
- Schere
- Nähgarn
- Nähmaschine
- Stecknadeln

ZUSCHNEIDEN:

- 2 x Innenstoff: 50 cm x 50 cm
- 2 x Außenstoff: 50 cm x 50 cm
- 2 x Gurtband: 10 cm (Enden unter Aufsicht von Erwachsenen abflämmen)

1 Schneide alle Stoffstücke sowie das Gurtband nach den Angaben zu. An allen Stoffstücken jeweils an den unteren Ecken ein 10 cm x 10 cm großes Quadrat ausschneiden.

So sollte das aussehen.

2 An einer Seite deiner Wahl eines der Gurtbänder annähen und offene Kante versäubern. Auf der gegenüberliegenden Seite das zweite Gurtband auf die gleiche Weise anbringen.

3 Die beiden Außenteile r-a-r aufeinanderlegen und zusammennähen. Die ausgeschnittenen Quadrate sowie die obere Kante mit dem Band nicht zusammennähen.

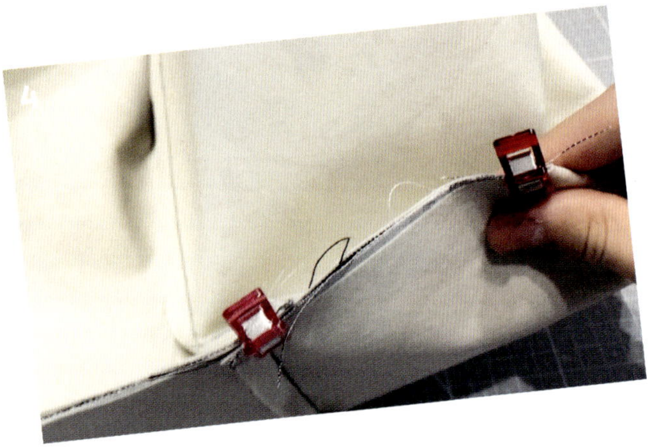

4 Lege die Ecken so aufeinander, dass sich die Nähte der zusammengenähten Teile kreuzen, und nähe die Kanten zusammen. Jetzt kannst du schon ein Utensilo erkennen!

5 Genau das gleiche machst du mit dem Innenstoff. Lass auf einer Seite eine etwa 15 cm große Wendeöffnung.

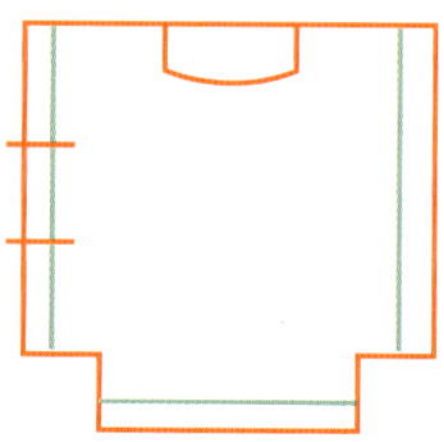

6 Eines der beiden Teile wenden und die Teile r-a-r ineinanderstecken. Die obere Kante schließen.

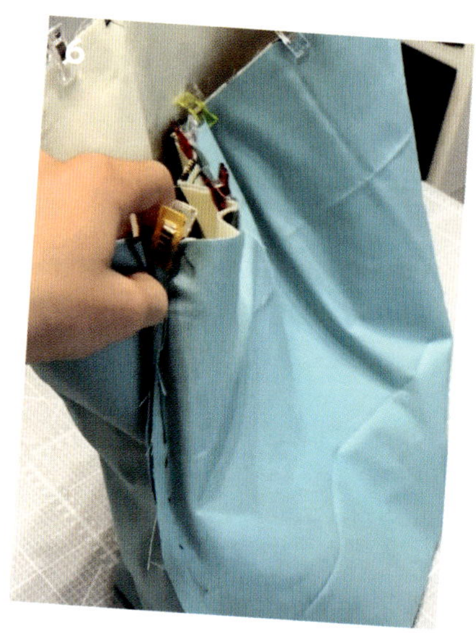

7 Dann wenden und die obere Kante absteppen. Zum Schluss noch die Wendeöffnung schließen.

FERTIG!

SCAN & WATCH

Hier geht's zum Video!

HANDTASCHE

KLEIN, ABER FEIN!

MATERIAL:

Vlies S320, 50 cm
Canvas, 50 cm
Gurtband, 1,1 m
Futterstoff Popeline, 35 cm
Reißverschluss mind. 25 cm + Zipper
Textilkleber (optional)
Stift und Lineal zum Aufzeichnen
Schere
Nähgarn
Nähmaschine
Stecknadeln

ZUSCHNEIDEN:

2 x Canvas: 35 cm x 25 cm
2 x Futter: 35 cm x 25 cm
Gurtband: 1,1 m mit abgeflämmten Enden

SCAN & WATCH

Hier geht's zum Video!

1 Schneide den Canvas-Stoff, das Futter und das Gurtband, wie angegeben, zu.

2 An der kürzeren, unteren Seite des Canvas-Stoffes sowie des Futters rechts und links ein Quadrat der Größe 4 cm x 4 cm aufzeichnen und ausschneiden. Die Teile aus Canvas mit Vlies bebügeln.

3 Die Teile aus Canvas-Stoff mit der rechten Seite nach oben so auf den Tisch legen, dass die ausgeschnittenen Quadrate unten sind. An beiden Teilen von der linken Seite 8 cm abmessen und dort das Gurtband anbringen. Das Band sollte 13 cm in das Teil ragen. Du kannst es mit Textilkleber fixieren und dann das untere Stück (ca. 6 cm) festnähen. Ich habe ein Quadrat mit Kreuz in der Mitte genäht.

4 Das Gurtband nach unten klappen. Nun liegt das Außenteil mit der rechten Seite nach oben und das Gurtband darauf. Lege zuerst den Reißverschluss mit der rechten Seite nach unten und dann die Popeline ebenfalls mit der rechten Seite nach unten darauf. Du kannst die Naht mit einem Reißverschlussfuß nähen. Anschließend aufklappen und absteppen

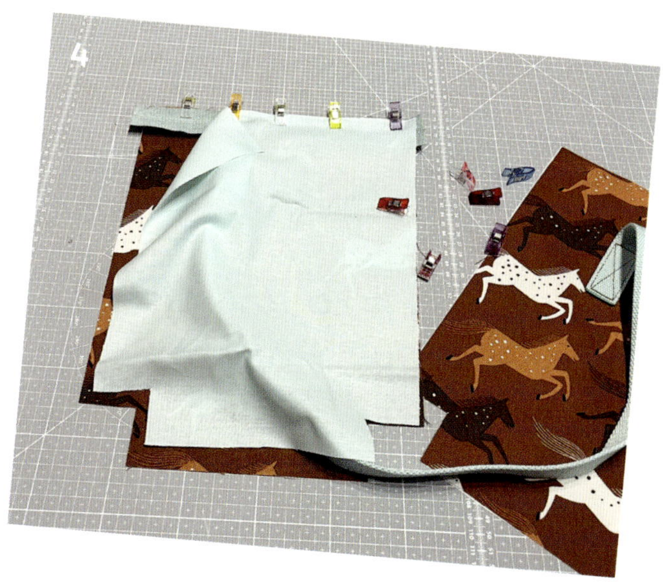

5 Wiederhole Schritt vier mit den zwei anderen Teilen.

6 Auf der einen Seite Futterstoff auf Futterstoff und auf der anderen Außenstoff auf Außenstoff legen. Die Schiene vom Reißverschluss zeigt in Richtung Futter. Nähe alle Kanten bis auf die Ecken ab und lasse eine Wendeöffnung im Futter.

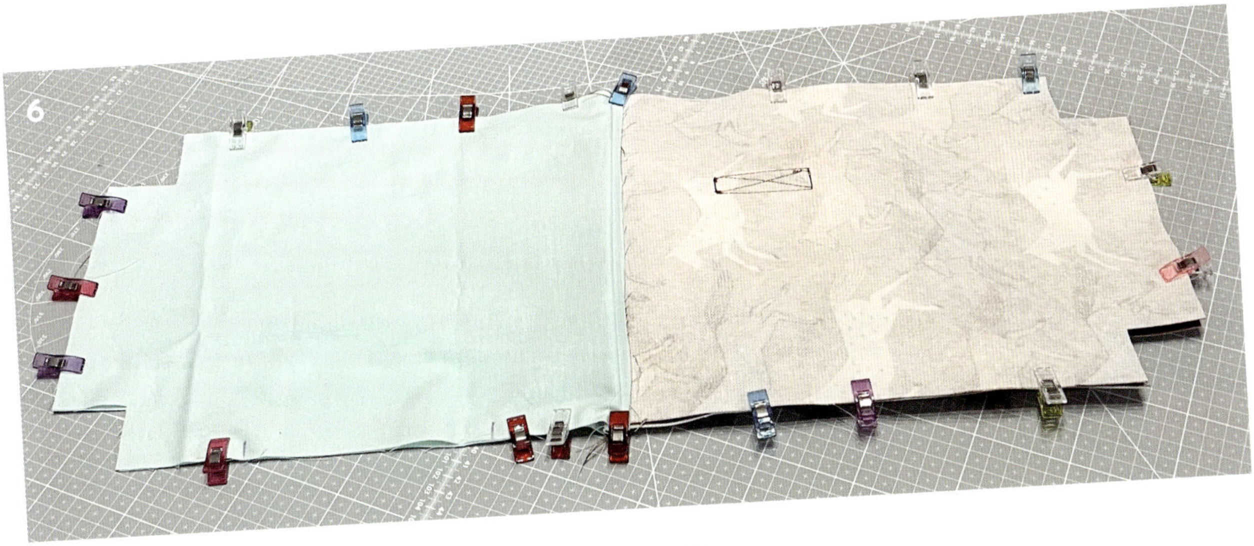

7 Die Nähte, die in die offen gelassenen Ecken zeigen, aufeinanderlegen und diese Nähte auch nähen Dann wenden und die Wendeöffnung schließen.

FERTIG!

BEANIE

BAD HAIR DAY? KEIN PROBLEM!

1 Übertrage das Schnittmuster auf den Stoff und schneide alle Teile mit 1cm Nahtzugabe aus.

2 Lege das Außenteil mit der rechten Seite nach oben vor dich und falte die zwei äußeren Seiten so zur Mitte, dass zwei Türme zu sehen sind. Nun steckst du jeweils die äußere Kante des Daches und die lange Seite ab und nähst sie zusammen. Die innere Seite des Turmdaches bleibt offen.

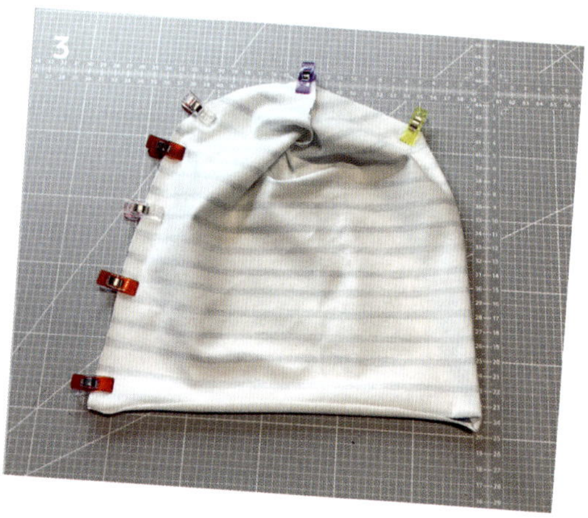

3 Danach die Enden der übrigen Nähte r-a-r aufeinanderlegen und zusammennähen. Nun sieht es schon aus wie eine Mütze!

4 Wiederhole Schritt zwei und drei mit dem Futter. Beim Zusammennähen der langen Naht in Schritt drei, lässt du eine Wendeöffnung.

5 Eine der Mützen wenden und beide r-a-r ineinanderstecken. Nähe nun die beiden Teile an der unteren Kante zusammen. Danach wenden, die Wendeöffnung schließen und das Futter in die Mütze stecken. Wenn du magst, kannst du die Kante noch absteppen.

FERTIG!

MATERIAL:

- Jersey, 40 cm (2 verschiedene)
- Stift und Lineal zum Aufzeichnen
- Schere
- Nähgarn
- Nähmaschine
- Stecknadeln

ZUSCHNEIDEN:

Jeweils mit 1cm Nahtzugabe zuschneide.

Außenstoff:
1-mal Schnittmuster im Bruch

Innenstoff:
1-mal Schnittmuster im Bruch

SIEHE SCHNITTMUSTERBOGEN

1 Schneide das Kunstleder, wie angegeben, zu.

Die umgeklappte Fläche sollte nun etwas größer als dein Handy sein, damit es später in die Tasche passt.

2 Nimm das lange Stück Kunstleder, schlage eine kurze Kante um 1 cm nach innen und steppe sie ab. Nun faltest du diese Kante nach oben bis zu dem Punkt, an dem deine Klappe beginnt.

HANDYTASCHE

ALLTAGSBEGLEITER IN SCHICKEM GEWAND

3 Nun die kurzen Kanten der zwei kleinen Stücke aufeinanderlegen und auf beiden Seiten jeweils 3 cm von der abgesteppten Kante des großen Teils entfernt mind. 0,7 cm weit zwischen die zusammengefalteten Stücke schieben.

Deine Schnur sollte noch durch die Lasche passen.

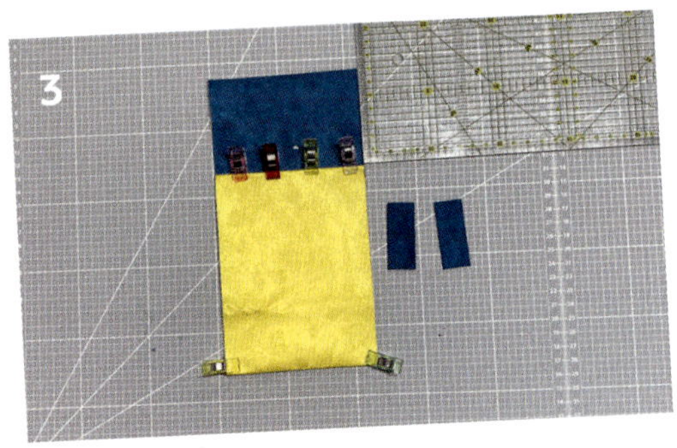

4 Jetzt wird alles befestigt! Dazu die beiden aufeinanderliegenden Stücke des langen Teils zusammennähen.

5 Ziehe durch die zwei kleinen Laschen an den Seiten deine Schnur und mache einen Knoten unterhalb der Laschen.

Es macht nichts, wenn die Enden dabei etwas ausfransen. Das wird mit der Zeit sowieso passieren.

6 Zum Schluss einen KamSnap als Verschluss anbringen.

FERTIG!

MATERIAL:

- Kunstleder, 20 cm
- Baumwollschnur, 1 m
- KamSnaps, 1
- Zange
- Stift und Lineal
- zum Aufzeichnen
- Schere
- Nähgarn
- Nähmaschine
- Klammern (keine Stecknadeln!)

ZUSCHNEIDEN:

- 1x Kunstleder: Breite des Handys + 2,5 cm x doppelte Länge des Handys + Länge der gewünschten Klappe + 1 cm
- 2x Kunstleder: 3 cm x 2 cm

SCAN & WATCH

Hier geht's zum Video!

KOSMETIK-TASCHE

WER IST DIE SCHÖNSTE IM GANZEN LAND?

MATERIAL:

- Außenstoff 1, 30 cm
- Außenstoff 2, 30 cm
- Vlies H250, 30 cm
- Innenstoff, 30 cm
- Reißverschluss, mind. 25 cm
- Stift und Lineal zum Aufzeichnen
- Schere
- Nähgarn
- Nähmaschine
- Stecknadeln

ZUSCHNEIDEN:

- 2 x Außenstoff 1: 10 cm x 23 cm
- 2 x Außenstoff 2: 10 cm x 23 cm
- 2 x Innenstoff: 18 cm x 23 cm

SCAN & WATCH

Hier geht's zum Video!

1 Aus allen Stoffen Teile der entsprechenden Größe ausschneiden. Zeichne auf einer der langen Seiten der beiden Teile aus Außenstoff 2, rechts und links je ein Quadrat der Größe 3cm x 3cm ein, und auf dem Innenstoff jeweils rechts und links ein Quadrat der Größe 3,5cm x 3,5cm. Schneide die Quadrate aus.

2 Die zwei Teile aus Außenstoff 2 mit Vlies bebügeln. Lege je ein Teil des Außenstoffteils 1 und des Außenstoffteils 2 r-a-r aufeinander, stecke sie fest und nähe sie mit 1cm Nahtzugabe anschließend zusammen.

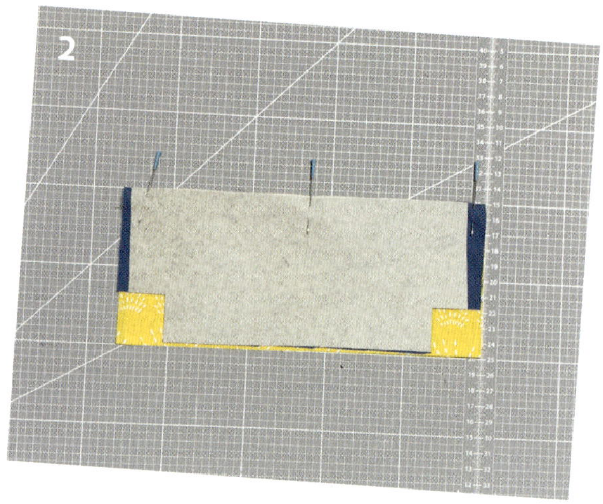

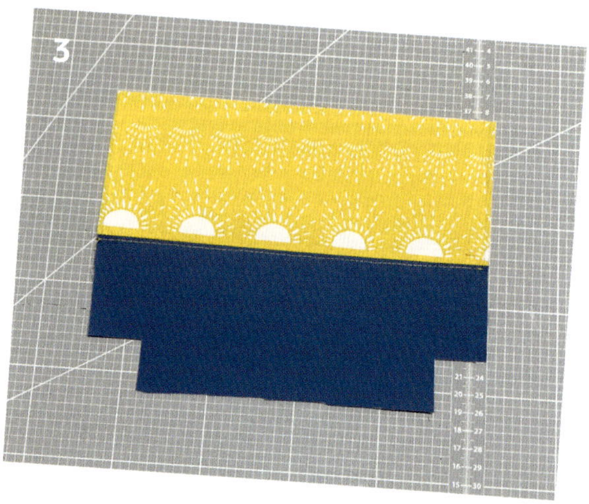

3 Dann aufklappen, die Nahtzugabe nach unten stecken und mit einer längeren Stichlänge (3–4) absteppen. Genau das gleiche machst du auch mit den zwei anderen Außenstoffteilen.

4 Lege ein Teil deines Innenstoffes mit der rechten Seite nach oben vor dich. Danach legst du den Reißverschluss mit der rechten Seite nach oben an die obere Kante des Innenstoffs. Eines der Außenstoffteile, die du gerade gemacht hast, mit der rechten Seite nach unten auch an die obere Kante des Innenstoffes legen. Mit einem Reißverschlussfuß entlang der Kante mit 1cm Nahtzugabe nähen., aufklappen und absteppen. Wiederhole den Schritt mit den anderen Innen- und Außenstoffteilen.

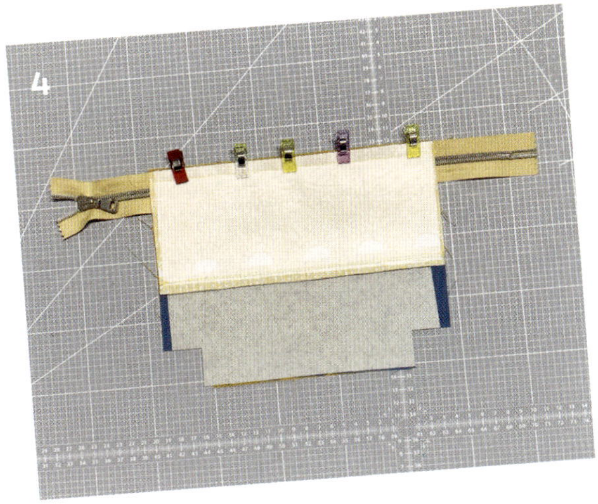

5 Nun auf einer Seite den Innenstoff auf den Innenstoff und auf der anderen Seite den Außenstoff auf den Außenstoff r-a-r legen. Achte darauf, dass sich die Nahtkreuze treffen und die Reißverschlusszähne zum Innenstoff zeigen. Dann nähst du alle Kanten, bis auf die ausgeschnittenen Ecken, ab. Lasse dabei eine Wendeöffnung im Innenstoff an einer der langen Kanten.

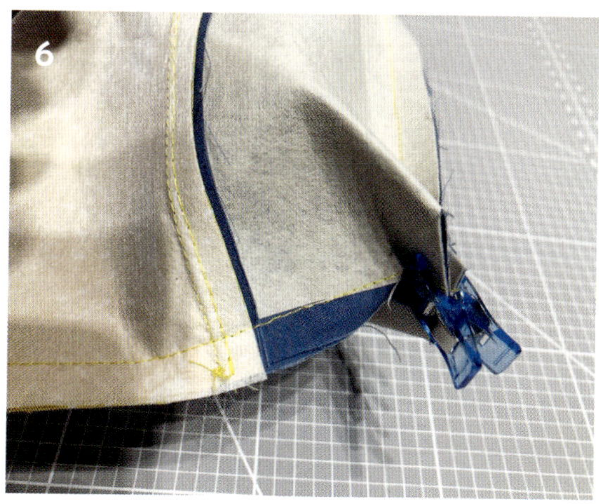

6 Danach auf beiden Seiten die Nähte an den Ecken, die du offen gelassen hast, aufeinanderlegen und die Kante abnähen, sodass ein Boden entsteht. Nach dem Wenden des inneren Teils die Wendeöffnung schließen.

FERTIG!

T-SHIRT

LÄSSIG UND GANZ DEIN STYLE

MATERIAL:

- Jerseystoff: 80 cm x 140 cm
- Stift und Lineal zum Aufzeichnen
- Nähgarn
- Schere
- Nähmaschine
- Stecknadeln

ZUSCHNEIDEN:

- 1x Teil „Shirt vorne“ im Stoffbruch
- 1x Teil „Shirt hinten“ im Stoffbruch
- 1x Halsbündchen, 4 cm x 80 % der Halsauschnittweite

SIEHE SCHNITTMUSTERBOGEN

2

1 Übertrage das Schnittmuster in der richtigen Größe auf deinen Stoff und schneide es nach den Angaben mit 1cm Nahtzugabe aus.

2 Vorder- und Rückteil rechts auf rechts (r-a-r) an den Schulterkanten bündig aufeinanderlegen und die Schulternähte schließen.

3

3 Die Ärmel r-a-r mit der Armkugel in die Armausschnitte einpassen, feststecken und einnähen. Die Ärmel der Länge nach r-a-r zusammenlegen und feststecken. Vorder- und Rückenteil an den Seitenkanten bündig r-a-r legen und aneinanderstecken. Die Seitennähte in einem Zug vom Ärmelsaum bis zur Körperunterkante schließen.

4 Das Halsbündchen einnähen. Dafür das Bündchen r-a-r zum Ring zusammennähen, der Länge nach l-a-l auf halber Höhe (2 cm) falten, in den Ausschnitt stecken und gleichmäßig gedehnt einnähen. Nach Bedarf die Nahtzugabe in das Shirt legen und von rechts mit einem sehr dehnbaren Stich absteppen.

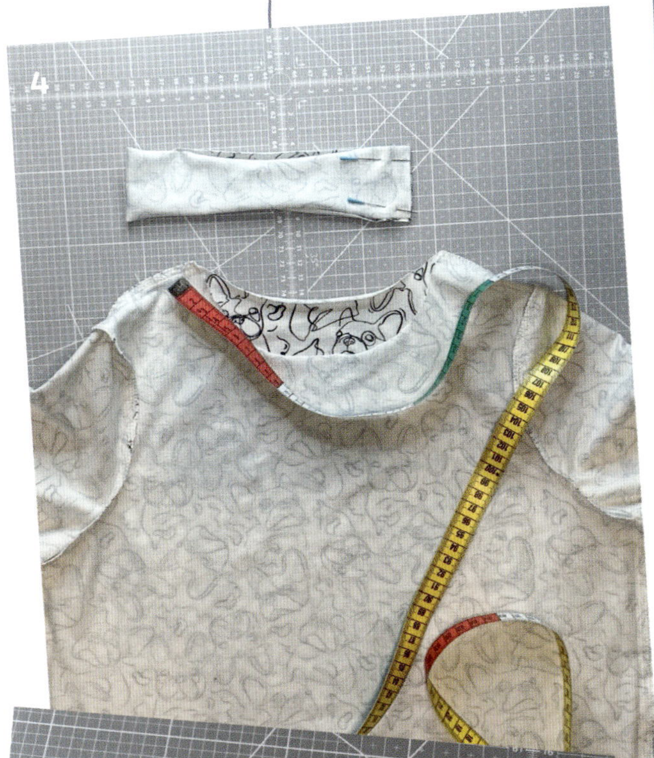

5 Die Säume an Ärmeln und Unterkante des Shirts 3 cm nach innen einschlagen, bügeln und von rechts mit einem dehnbaren Stich absteppen.

FERTIG!

TIPP: Lege den Jersey sauber auf deinen Tisch, ohne dass er sich verzieht. Du kannst auch auf dem Boden zuschneiden, achte aber darauf, dass der Boden sauber ist.

SCAN & WATCH
Hier geht's zum Video!

LOOP

MODISCHES ACCESSOIRE FÜR KALTE TAGE

MATERIAL:	ZUSCHNEIDEN:
Jersey, Nicki o.Ä., 52 cm	Breite: Der eigene Kopfumfang + 5 cm
Stift und Lineal zum Aufzeichnen	Länge: 52 cm
Schere	
Nähgarn	
Nähmaschine	
Stecknadeln	

1 Schneide den Stoff nach den Angaben zu.

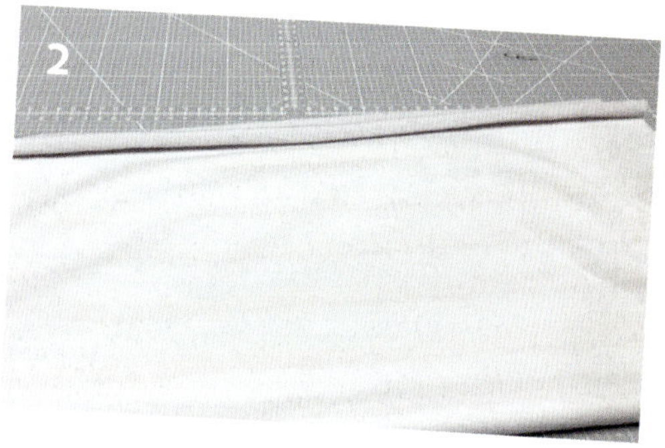

2 Lege die beiden Seiten, die nachher die lange Seite sein sollen, r-a-r und schließe an der langen Kante. Schlauch anschließend auf die schöne Seite wenden.

3 Dann die beiden Nahtenden r-a-r aufeinanderlegen und den Kreis zusammenstecken. Lasse dabei eine kleine Wendeöffnung offen.

4 Nach dem Wenden die Öffnung knapp zunähen und in das Innere deines Schals stecken.

FERTIG!

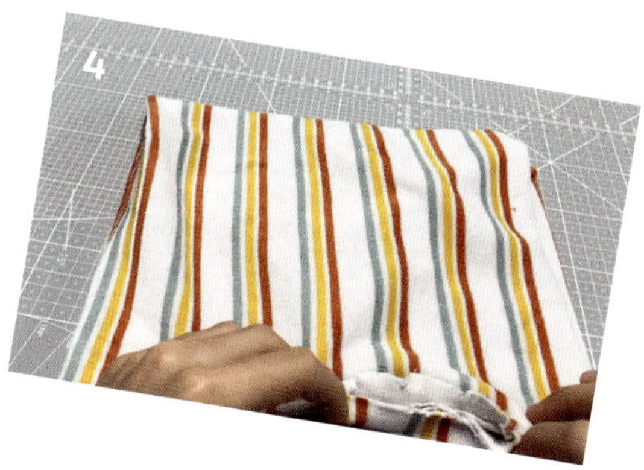

Buchempfehlungen für Dich

Noch mehr Kreativ-Bücher zum gleichen Thema gesucht?

ISBN 978-3-7724-4451-7

ISBN 978-3-7358-9030-6

ISBN 978-3-7724-7831-4

ISBN 978-3-7724-4472-2

ISBN 978-3-7724-4454-8

ISBN 978-3-7358-9005-4

ISBN 978-3-7724-8432-2

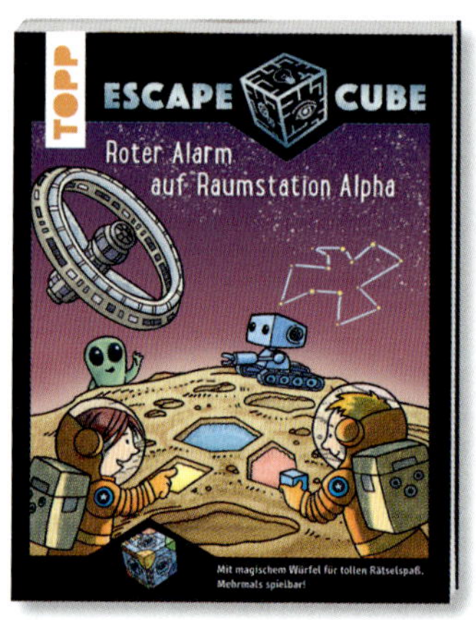

ISBN 978-3-7724-8433-9

ISBN 978-3-7724-4467-8

Viele weitere Kreativ-Bücher findest du auf www.TOPP-kreativ.de

Entdecke auch unsere ....

ISBN 978-3-7724-8471-1

ISBN 978-3-7724-4455-5

ISBN 978-3-7724-4626-9

ISBN978-3-7724-8437-7

ISBN 978-3-7724-8459-9

ISBN 978-3-7724-4399-2

ISBN 978-3-7724-4456-2

ISBN 978-3-7724-4457-9

ISBN 978-3-7724-4393-0

#TOPPPROJEKT

Die eigene Kreativität zeigen: TOPPprojekt mit anderen Kreativen teilen und Teil der Gemeinschaft werden.

DIY-begeistert und auf Instagram? Dann unbedingt mitmachen! Hier gibt's Tipps und Feedback zu den eigenen Projekten. Außerdem verlosen wir jeden Monat ein Überraschungspaket. Um am Gewinnspiel teilzunehmen, einfach ein Bild vom Kreativ-Projekt aus unseren Büchern mit #TOPPprojekt posten und unserem Account @frechverlag folgen. Mehr Infos auf TOPP-kreativ.de/TOPPprojekt

Website
Auf TOPP-kreativ.de kannst du ein riesiges Angebot von über 1.000 Kreativbüchern, Sets & mehr entdecken.

Newsletter
Gleich anmelden unter: TOPP-kreativ.de/newsletter und immer als Erstes von unseren Neuheiten und Sonderaktionen erfahren.

Instagram
@frechverlag

Pinterest
pinterest.com/frechverlag

Facebook
facebook.com/frechverlag

DigiBib
Hier findest du zusätzlich zu vielen unserer Bücher digitale Extras, wie Video-Tutorials, Plotter-Dateien, Vorlagen, Übungsblätter & vieles mehr. Einfach im Impressum deines TOPP-Buchs den Freischalte-Code nachschlagen und exklusive Inhalte freischalten. TOPP-kreativ.de/digibib

Youtube
youtube.com/frechverlag

Wer wir sind, wie wir arbeiten, was wir lieben …

Auf Instagram, Facebook und Pinterest findest du mehr über uns und unsere Arbeit und wirst immer schnell und einfach mit den neuesten Infos versorgt.

Alle News, alle Infos und alle Links findest du auf www.TOPP-kreativ.de

quilt expression 720
PFAFF

Hi!

Ich bin Oskar, 12 Jahre alt und gehe im Raum Stuttgart auf ein Gymnasium. Ich nähe leidenschaftlich gerne Taschen, Patchwork und auch Kleidung, ich bin eigentlich für alles offen. Gelernt habe ich das von meiner Oma, die schon genäht hat, bevor ich überhaupt auf der Welt war. Als ich erst einmal damit angefangen hatte, konnte und wollte ich gar nicht mehr aufhören. Es bereitet mir so eine Freude in meinem Nähzimmer zu sitzen, mir Stoffkombinationen zu überlegen und zu nähen. Mein zweitliebstes Hobby gleich nach dem Nähen ist das Stoff sammeln, man könnte es schon fast eine Stoffsucht nennen, gut, dass beide Hobbies so gut zueinander passen :)

Euer Oskar

Vorher

Nachher ;)

Ich nenne den Prozess kreatives Chaos ;)

Danke!

- Danke an „das mach ich nachts“, Prym Consumer Europe GmbH (Stolberg) und Snaply GmbH (Freising) für das Sponsorig von Material
- Danke an Charlotte, Isabel, Hanna, Nele, Nina, Marlene, Anna-Lena, Luisa, Amelie und meine ganze Klasse für die Unterstützung
- Danke auch an Mirjam die mich unglaublich beim Schreiben unterstützt hat
- Danke an Claudia von @ganzmeinding die mir dieses Buch ermöglicht hat
- Danke auch an meine ganze Familie für die viele Hilfe
- Danke an Mama die mir ab und zu mal (im bildlichen Sinne) in den A**** getreten hat damit ich meine Deadlines nicht vergesse
- Danke lieber frechverlag für diese Möglichkeit

IMPRESSUM

Fotos: frechverlag GmbH, 70839 Gerlingen; Schrittfotos: Ina Andresen (S. 36-37); Oskar Nittner (S. 46-47, 22-23, 54-62, 66-109, 114-117); restliche Fotos: lichtpunkt, Michael Ruder, Stuttgart; Grundanleitung: Ina Andresen (S. 12-21, 24-31, 35-37, 43-44); Oskar Nittner (S. 46-47); Modelle: Ina Andresen (S. 63-65); Oskar Nittner (S. 54-62, 66-109, 114-117); Pauline Dohmen (S. 110-113)
Produktmanagement und Lektorat: Mirjam Buchwald, Lara Franke
Layout und Herstellung: Heike Köhl
Satz: Bernadett Linseisen (schere.style.papier), München
Covergestaltung: Eva Hook
Druck und Bindung: PNB Print Ltd, Lettland

2. Auflage 2024

ISBN: 978-3-7358-9050-4 Best.-Nr. 29050

FSC MIX Papier | Fördert gute Waldnutzung FSC® C084698 www.fsc.org

Penguin Random House Verlagsgruppe
FSC® N001967

Unser Service für Sie: Wenn Sie Fragen zu den Anleitungen in diesem Buch haben, schreiben Sie einfach eine E-Mail an:
mail@kreativ-service.info
oder rufen Sie uns an unter:
0711/123 757 20*.
– wir helfen Ihnen gerne weiter!

*normale Telefongebühren

Freischalte Code: 59334